NOUVEAUX COUPLES

ROBERT NEUBURGER

新しいカップル

カップルを維持するメカニズム

ロベール・ヌービュルジェ
藤田真利子 訳

新評論

新しいカップル／目次

新しいカップル

――カップルを維持するメカニズム

部扉挿絵＝北川　正
本文挿絵＝Isabelle HERBET

用語説明

カップル　個人のアイデンティティの支えとなる所属グループのうち最小のもの。①二人だけの「始まりの神話」と、②一連の、あるいは独特の「儀式」を基にした内部の親密さと、③外部世界からの認知、の三つによって成り立っている。

カップル・セラピー　カップルのシステム的な問題を解決するために、カップルを対象に、カップルの自己形成的な機能に働きかけるセラピー（精神療法）。

「カップルでの」セラピー　個人に対するセラピー（精神療法）の助けとするために、パートナーの参加と協力を得て行なわれるセラピー。

セラピー・カウンセリング　フランスでは臨床心理医の仕事だが、日本では臨床心理士が行なっている。フランスでは健康保険でカバーされていてかなり広まっているが、日本の場合、健康保険を利用するには医療機関で精神科医の投薬と指示のもとに行なう必要がある。

生きるとは、
できるだけ人にぶつからないようにして、
ある空間から別の空間に移動することである。
ジョルジュ・ペレック

序文　カップル、それは家族の将来の姿なのか

一　カップル・セラピーを受けた三組のカップル

イザベルとその夫クリスチャンは四十代で、結婚して十二年になる。ある問題が起きて、二人の暮らしがひどいものになってから、もう三年だ。イザベルはクリスチャンと暮らし続けるかそれとも別れるか決めかねている。クリスチャンも同じ不安と疑問を感じているが、その間ずっと結論はなかなか出せないままだ。わたし〔著者〕に相談に来たとき、二人ともそれぞれ個別にセラピーを受けていた。二人に何が起きたのか？　困難が始まったのは、子どもをつくろうと決めたときだった。妊娠の気配もないまま時が過ぎ、二人が検査を受けると、子どもをつくる能力のないのはクリス

チャンだということがわかった。イザベルはクリスチャンから遠ざかる必要を感じた。すぐにクリスチャンはイザベルを、一度も自分を愛したことがなく、子どもを持つためにだけ結婚したのだろうと言って非難した。そのときから二人は地獄のような堂々めぐりの渦にとらわれている。もしイザベルがカップルを終わりにしようと決めるとしたら、それはイザベルがもうクリスチャンを愛していないからなのか、それともクリスチャンに子どもをつくる能力がないからなのか？

　アルマンは四十五歳の公務員だ。その妻ジネットは四十一歳でここ数年は働かず、抑鬱剤を飲んでいる。二人には、ニコルという十八歳の娘とシモンという十四歳の息子がいる。シモンの方は小児精神科医にかかっている。家族の中に緊張があるという理由で診察を頼んできたのはジネットだった。ジネットは頭痛に苦しみ、カップルのコミュニケーションがうまくいかないせいで鬱状態になり、それは子どもたちにも影響を与えていると言う。カップルのバランスが取れれば物事は変わってくるとジネットは思っている。娘ニコルについては、「あの子は悩んで身体症状が出ている」と言う。息子シモンも悩んでいる。シモンは姉だけが理解できる言葉を作り出した。両親が離婚したら自分はどうなるのかと尋ねている。ジネットとアルマンにはその他にも財政的な悩みがあるし、子どもたちには学業成績の問題がある。ジネットは夫のことを「ザルみたいな〔物忘れが激しい〕頭だ」と言う。ジネットの頭痛のせいでセックスはできない。アルマンは言う、「こんなふうにして暮らし続けることはできない。どうにかできないなら、別れるしかない」。二人は、現代のかなり典型的なもろさを見せているが、子どもたちがうまくいっていれば自分たちはいいカップルだと考える。自分たちのことを悪いカップルだとして責めれば責めるほど、カップルはうまくいかなくなり、子どもたちはますます悪くなる。すると二人はさらに自分たちを責める……。

マリアは、セックスのときにオルガスムを感じないと言ってパートナーといっしょにやって来た。感じないのは別に構わない、だが、彼女は夫を失うのを恐れている。マリアがあまり心配しているので、妹がマリアに、同じ問題があると打ち明けた。妹は愛人を作り、その愛人となら喜びを感じることができた。妹の夫はそれを知って二人は別れた。マリアは非常に厳格で愛情の薄い家庭に育った。受けた教育は厳しく、非常に抑圧的だった。従属的で内気な性格だ。反対に、夫の方は愛情深く結びつきの強い家庭に育った。家族全員と親密で、とくに父親とは仲がよく、いっしょにスポーツをやっている。妻に強い愛情を持ち、妻が家庭的で、それほど「現代的で」ないところを高く評価している。マリアの冷感症は残念だと思っているが、治らなければカップルを続けていけないとは思っていない。子どもがいるのだからなおさらだ。彼は言う、「治ればいいと思うよ。治らなきゃ治らないでなんとかなるさ」。彼女は自分の身体に原因があるのだと考えて、罪悪感を覚えている。そう考えることで、彼女は問題の原因を自分一人のせいにしている。それなのに、彼らは二人でわたしのところにやって来たのだ……。

ここで簡単に紹介した三組のカップルは何かがうまくいかなくなり、それが苦しみを生み出している。彼らがカップル・セラピーを訪れて助力を求めたということは、何よりもまず、彼らのカップルへの執着と、自分たちで問題を解決する難しさを表している。現代の家族（不確実）と職業（不安定）の間にあって、カップルはときに各人のアイデンティティの形成に重要な役割を担っている。

カップルとは何だろう？

二　家父長制家族からＰＭＥ家族を経て

誰もが結婚していた時代、この結婚という儀式には、二つの家族を結びつけ、財産を維持したり増やしたりするという目的があることが多かった。その頃は、カップルの絆が家族の絆の中で最も重要だということはなかった。少なくとも十九世紀までは、支配的だったのは親子の絆で、とりわけ、配偶者の利益に反しても子孫に財産を伝えることを優先するフランス法にそのシステムが生き

郵便はがき

料金受取人払

新宿北局承認

6064

差出有効期限
平成15年12月
19日まで

有効期限が
切れましたら
切手をはって
お出し下さい

169-8790

165

東京都新宿区
西早稲田三―一六―二八

株式会社 新評論

読者アンケート係行

読者アンケートハガキ

お名前	SBC会員番号 L 番	年齢
ご住所 (〒) TEL		
ご職業（または学校・学年、できるだけくわしくお書き下さい） E-mail		
所属グループ・団体名 連絡先		
本書をお買い求めの書店名 市区 郡町 書店	■新刊案内のご希望 [ ]ある [ ]ない ■図書目録のご希望 [ ]ある [ ]ない	

●このたびは新評論の出版物をお買上げ頂き、ありがとうございました。今後の編集の参考にするために、以下の設問にお答えいただければ幸いです。ご協力を宜しくお願い致します。

本のタイトル

●この本を何でお知りになりましたか

1.新聞の広告で・新聞名（　　　　　　　）2.雑誌の広告で・雑誌名（　　　　　　　）3.書店で実物を見て 4.人（　　　　　　　）にすすめられて 5.雑誌、新聞の紹介記事で（その雑誌、新聞名　　　　　　　）6.単行本の折込みチラシ（近刊案内『新評論』で）7.その他（　　　　　　　）

●お買い求めの動機をお聞かせ下さい

1.著者に関心がある 2.作品のジャンルに興味がある 3.装丁が良かったので 4.タイトルが良かったので 5.その他（　　　　　　　）

●この本をお読みになったご意見・ご感想、小社の出版物に対するご意見があればお聞かせ下さい（小社、PR誌「新評論」に掲載させて頂く場合もございます。予めご了承下さい）

●書店にはひと月にどのくらい行かれますか

（　　　　）回くらい　　書店名（　　　　　　　）

●購入申込書（小社刊行物のご注文にご利用下さい。その際書店名を必ずご記入下さい）

書名　　　　冊　書名　　　　冊

●ご指定の書店名

書店名　　　　都道府県　　　　市区郡町

残っている。娘は、たとえ結婚しても、自分の父親への依存関係を保ち続けていた。もしその絆が消えても、彼女らは今度は夫の支配下に移った。彼女は夫の配偶者というよりは娘のような立場だ。自分自身の財産を管理する自由を持たないからである。しかし、フランスでは数十年前から名前と財産の継承に関する優先権が消え失せ、新しい種類のカップルの登場が促された。伝統的な意味での家族、つまり十九世紀末に学校の道徳の本に載っていたような、グループ全体とその将来に関わる一つの計画によって団結した家族を目にすることは珍しくなってきた。たとえば、一八九〇年にピエール・ラロワが描いたようなこんな家族である。

「ジャック」、とおじいさんが言う。「おまえたちがわしらよりもいい服を着ているのはなぜだか知っているか？　それに、おまえの兄弟姉妹や従兄弟たちはわしらよりも楽に暮らせるようになるだろうが、そのわけがわかるか？　教えてやろう。それはわしらが、つまりおまえのおばあさんとわしが、よく働いたからなんだ。わしらはおまえの父さんやおまえの叔父さんたちをちゃんと育てた。子どもたちを働き者に育てたんだ。おまえの父さんたちはわしらよりも長く学校に行った。わしは百姓だが、あの子たちは紳士になった。あの子たちは今度はおまえたちを自分よりもよく育てた。［…］あの子たちが上の階層に行けたのは、自分でせっせと努力したからだけじゃない。兄弟が愛し合い、お互いに助け合ったからでもある。おまえも、叔父さんたちと同じように、自分の兄弟たち、叔父さん叔母さん、従兄弟たちと愛し合い助け合うと約束しなくてはならん。[…] おまえたちはみんなこのわしの家でいっしょに暮らしている。わしはおまえたちを結びつける絆だ。わしがいなくなったらどうなるんじゃろうな？」[…] ジャックはこう答える。「おじいちゃんがいなくなっても、ぼくたちは、おじいちゃんがセクラン家の家長だったことを忘れないよ。ぼくたちは家族の名誉を守る。おじいちゃん、百歳まで生きて下さい。二十年経ったら、セクラン家がもっと上にあがるのを見られるから」。そしてこれに作者のコメントが続く。「固く結びついたたくさんの家族ほどすばらしいものはない。[…] 家族の全員が他の家族に対して義務を持っている。お互いに助け合わなくてはならない。[…] 兄弟と姉妹を愛しなさい、自然によって与えられた友人なのだから。[…] 父親の父と母、母親の父と母を愛し敬いなさい。叔父さん叔母さんを、そして家族の全員を愛しなさい。[…] 自分の名を敬いなさい。どの家族にも名誉がある。それは、金よりも貴重な遺産なのだ(1)」。

(1) P. Laloi, *La Première Année d'instruction morale et civique*, 1890, p.2-8.

長々と家族について書かれている中で、カップルの占める場所はまったく用意されていない。カップルという言葉さえ出てこない。忠誠心というのは家族だけに向けられるものだ。この時代の標準となっているのは家父長制の家族である。そのもう少しあと、十九世紀の末になると、それに代わって夫婦による家族が標準となる。これはわたしがＰＭＥ家族（Ｐ父、Ｍ母、Ｅ子ども〔日本では核家族と呼ばれる〕）と呼ぶもので、その中心となるのは夫婦としてのカップルと父親母親としてのカップルが入り混じったものだ。出身家族から切り離された父親と母親が「独立した」グループを作るこの型の家族は、あらゆる家族のモデル、理想のモデルとして提示されているが、まだ現れてから一世紀にしかならず、西欧社会に特有のもののようだ。世界で最も普及しているモデルは、メンバーの役割が広範で柔軟な古代以来の拡大家族である。だから、そこでは常に両親が自分の子どもを育てるとは限らない。子育ての役割は傍系血族や年長の子どもたちに割り当てられることが多い。その意味で、夫婦を中心とした現在の家族は、夫婦の役割が単純化したというより、さまざまな役割が夫婦に集中した形といってもよさそうだ。このことはすでにジャック・ラカン〔一九〇一〜八一。フランスの構造主義を代表する思想家で、精神分析家〕が一九三七年に言っている。「家族を構成するグループが小さくなったのは［…］単純化というよりむしろ家族制度の収縮のように思える(2)」。

（2） J. Lacan, *Les Complexes familiaux*, Paris, Navarin, 1984.（邦訳、ジャック・ラカン『家族複合』宮本忠雄、関忠盛訳、哲学書房、一九八六年）。

現在、このＰＭＥ家族が危機に陥っているように見える。ＰＭＥ家族が目的としているのは子どもの将来を保証することなのだが、現代社会の現実によってその目的が果たせないことが多くなっている。それは子ども自身の短所や長所の問題ではない。労働市場やますます激化する競争のせいで、能力があっても職に就けない子どもが多いのだ。そんなわけで、家族にはもはや、希望と成功をもたらすカップルという側面しか残されていない。その意味で、昔、共通の計画のもとに三世代あるいはそれ以上の世代を集めていた「家＝家族」に代わって、カップルこそ家族のすべてとなる「家＝カップル」が登場することになったと言えるだろう。今日のカップルが子育てを使命としている場合が多いとはいえ、その子どもたちが必ずしも生物学的な絆を持つとは限らないから、それをもって家族を構成しているとは言い切れない。

三　「家族の将来はカップルである」

したがって、家族の理想像はいま危機に瀕している。精神分析や自立促進セラピーなどの手を煩わせている家族以外の理想像はどうなっているのだろう。わたしたちが幸福に近づくために、精神分析には大きな期待がかけられている。それはわたしたちが抱いている欲望の真の姿や強い「自己」の実現、とりわけ個々の自立を手に入れるための一つの方法となっているからだ。だが、個人が完成した結果である自立という状態は、そもそもは、その人が置かれた状況の変化とは関わりなく確立されるものではないのか。だからこそ精神医学者フロイトも、精神分析を受けている患者には重要な決定をさせてはならないという規則を第一に置いた。ところが、セラピストの中には分析をするより道徳的な助言を与えるのが仕事だと思っている人がいるらしい。そのような人たちはもっぱら、患者が抱えた問題やその行動上の困難は親や配偶者に対する患者の強すぎる依存が原因であると解釈し、彼らとの分離によってすべてが解決されるという結論を下す。「わたしのセラピストによると、わたしはもっと自立しなきゃいけないんですって。わたしには自分の人生がなかったし、夫との関係が癒着しすぎていると言われたわ」。落ち込んで、孤独になったある女性がこんなふうに語っているのだ。自立というイデオロギーは別離と混同され、大きな損害を招いている。

たしかに、母子融合の段階を過ぎたら、乳児は少しずつ母親と離れていかなければならない。だが、社会化へと向かうその後の発達段階は人によってかなり異なる。子どもの発達の様子を見ると、子どもが家族から離れていくのはしだいに自立するからではなく、むしろ、家族とは別のグループに順応するためだということがわかる。たとえばそれは同世代のグループであり、服装や言葉遣いや考え方にまで影響を与えるのだ。自立の要求が他のグループへの依存となって現れるのは矛盾しているように見えるかもしれないが、そうではない。自分をナポレオンだと決める精神異常者でもない限り、人間というものは「一人で自己を認識する」能力を備えてはいないものだ。ボリス・シリュルニクやエドガール・モランをはじめとする現代の精神医学分野の理論家の一部は、自立とは、独立とはまったく違って、依存の対象を選ぶ能力のことであると主張している。

「帰属の回路に組み込まれていない人間は、自己が明瞭にならず、世界を構築することができない」[3]とシリュルニクは書いている。言い換えれば、わたしたちのアイデンティティとは、帰属先がどこかということなのであり、わたしたちがどのグループに属しているかということである。グループには、家族、宗教グループ、スポーツのグループ、政治グループ、学問グループ、友人のグループなどさまざまあるが、忘れてはならないもう一つのグループがある。それは、今日特権的な地位が与えられているグループ、人間集団の中で最も小さく、メンバーが二人しかいないグループ、すなわちカップルである。わたしたちのアイデンティティや存在は、さまざまなグループへの依存関係が交差する地点にあり、こうした依存関係を管理する能力によって決定されている。

（3） B. Cyrulnik, *Les Nourritures affectives*, Paris, Odile Jacob, 1993.

帰属に対するこの要求がカップルを作るきっかけになっていることは多い。それは出会いの結果として作られた積極的なカップルだけではなく、仕事や家族関係に問題が生じた結果、「無帰属」という空虚な時期にいたからという理由でカップルを作ろうとすることも多い。少し前までは、若者たちは「独立する」ために家を出た。この場合、両親、とくに母親は、かわいい子がこんなに早く温かい家族の懐から出て行くことに必死で反対するものとされていた。そして若者の方は、激しい戦いのすえ両親の愛情から身を振りほどき、残された両親に永遠の悲しみを残していくものと思いながらも独立を勝ち取る。そんなにも愛された幸せな子どもが一週間後に下着を取りに戻ったときの驚きは大きい。自分の部屋が書斎になっていたり、前からずっと計画されていたのではと思わせるように、別の用途のために模様替えされ、母親は生き生きとし、父親は少々気まずそうに、ヴェネツィアかどこかへの性的な含みのある旅行計画を知らせる。若者は自分の家でよそ者になったように感じ、もうその家には居場所がなくなったと感じる。若者にとってそれは予想外のことだ。若者がカップルを作ろうと決めるのはそんなときである。こうしてこの息子は、新しい「家」を手に入れようと思いはじめるのだ。

しかしこの物語は過去のものとなった。というのは、現在の経済状況ではいつまでも同居を余儀なくされる親子が増えているからだ。独立はもはや「もぎ取る」ものではなく、それだけを待っていた両親から熱狂的に差し出されるものとなっている。そうなるとカップルを作ろうと思う状況も変わってくる。もっとも、社会の不確実さと、若者が社会に居場所がないと感じる点では、状況は以前と似通っているのだが。

社会学者のエドワード・ショーターは一九八一年に、「家族の将来はカップルである」と書いた[4]。

彼の予言は現実になっているようだ。フランスのメディアが最近行なった調査では成人の約三〇パーセントがカップルで暮らすことを望んでいないと答えているが、これは彼の予言を否定するものではない。共同生活を拒むこうした気持ちには、実際は、日常生活による磨耗からカップルを守ろうとする意志が隠されているのである。離婚率の高さも同じ見方で読み取らなくてはならない。離婚はカップルを作るという習慣が廃れてきた印ではなく、反対に、家庭や職場がもはや頼れる存在ではなくなった今日、人々がカップルに愛情の保障や物質的保障、あるいは性的満足や知的満足のすべてを強く求めている証拠なのである。それに、離婚率の上昇は人が以前よりも長生きになったせいでもある。以前は死に別れが離婚の代わりになっていた。再婚に至るまでの経過はともかくとして、再婚数が現在より少ないということはなかったのである。

（4） E. Shorter, *Naissance de la famille moderne*, Paris, Seuil, 1981.（邦訳、エドワード・ショーター『近代家族の形成』田中俊宏ほか訳、昭和堂、一九八七年）。

カップルへの期待は確実に高まっている。わたしの臨床経験からも同じ確信が引き出せる。カップルの一人が死亡する前に一つのカップルが「消滅する」確率は五〇パーセント以上で、この数字は一九〇〇年以来変わっていない。カップルの平均寿命は約……九年なのである！　だから、心理療法医の助けを借りるにしろ借りないにしろ、カップルの生命をうまく管理する方法を学ぶのは意義あることだろう。これが本書の目標である。ここで扱われるのは、血縁関係のない成人の異性愛のカップルが中心であるが、違う形態のカップル、すなわちホモセクシュアルのカップル、年齢差の大きいカップルのケースについても言及している。ただし、こうした違う形態のカップルがセラピーにやって来ることは少ないが。とはいえ、性別や年齢は違っても、問題となっているのが「制度」としてのカップルであるということは共通している。とすれば、どのようなカップルも本書の内容に関心を持てるのではないだろうか。

第Ⅰ部

「家＝カップル」

二人だけの「始まりの神話」がなければカップルは存在しない。カップルはその「神話」と「儀式」を基にして親密さをかもし出す。神話の役目は独自性を維持すること。儀式の役目は、わかり合いすぎることなく親密さを守ることだ。だが、外部世界の規範に合わせて、外部から認知されることも必要だ。規範に合わせすぎると独自性がなくなり、独自性にこだわりすぎれば外部からの認知が得られなくなる。カップルは常に、親密さと規範の間でバランスを取っている。

第1章　カップルを作る

一　「カップル」と「二人の関係」とは同じではない

♥カップルを愛する

カップルとは何か？　今日これを説明するのに、「関係」という言葉を使う人が多い。二人の人間が、相手の肉体的特長や精神的知的特長をもとに、あるいは本人の過去に結びついたほとんど無意識的な理由で互いを選び取る。その結果、「恋におちた」状態になり、一般的には満足のいく性関係がその感情を強め、非常に快適な交流関係となる。このことから、カップルの機能障害の多くは一方あるいは双方の「対人関係の問題」であるとされ、いまではカップル間のコミュニケーションを回復させようとするセラピーは期待されていない。だが、カップルが関係的でしかないのだとしたら、問題などどこにあるのか？　関係がうまくいかなくなったり、単に関心が無関心に変わったというのなら、その関係を断ち切ってしまえばよいのではないか。それなのに、どうしてこれほど多くのカップルが「関係的な問題」を相談しに来るのだろうか？　夫が思いがけなく突然出て行ったあとに自殺を図ったある患者は、自分の行為を思い返して次のように言った。「なんであんなことをしたのかわからないわ。だって、夫が恋しいってわけでもないのに！」　実際、このカップルの関係はかなり以前から冷めたものになっていたのだ。それなのにその患者はどうして死にたいと思ったのだろうか？　明らかに夫への愛からではない。では、なぜ？　わたしが思うに、彼女の自殺未遂の原因は、目の前にいた人間にではなく、帰属グループとしてのカップルに向けられた愛情であり情熱だったのである。フィリップ・ロス〔一九三三〜。アメリカの作家〕が自作『父の遺産』〔一九九一。邦訳『父の遺産』柴田元幸訳、集英社、一九九三〕で父親について書いているのはそのことである。「ただ、父はすでに結婚していた。わたしの母とではなくても、少なくとも二人の結びつきなるものと」。

♥帰属意識と自己規定

したがって、実際にはカップルを二人の関係だけに単純化することはできない。「カップル」と

「関係」

「二人の関係」とが別物だということは、現実に、そうしたければ誰でも比較的容易に一つあるいは複数の「関係」を持つことができるのを見れば理解できるのではないだろうか。そのような関係は、一定の配慮は必要だとしても、感情的・性的な満足をもたらしてくれて、しかも相手に対して、ある種の責任や拘束の重荷を背負う必要がない。それなら、どうして「二人の関係」ではなく「カップル」を作るのか？　まず、「家＝カップル」を作るには「カップル」と呼ばれる総体〔二人のメンバー〕の一員であるという帰属意識と自己規定が必要である。一部の人は離婚のあとに両親の家に戻ることがある。離婚する前は、夫や妻といっしょに両親の家を訪ねると、二人は客として迎えられ、テーブルで正式に食事を出され、かなり言い張らなければ皿洗いもさせてもらえなかった。ところがいったん離婚してしまうと、こうした儀礼はおしまいになる。彼ないし彼女は買い物を頼まれ、以前は客として招待された食事の準備をさせられる羽目になる。友人たちの態度がどうなるかといえば……言わない方がよさそうだ。とくに、あなたが女性だったとしたら、独り者の女性は他のカップルから危険物扱いされる。カップルに帰属するということは、その二人のメンバーに互いの結束と安全の保障を与え、そのおかげで家族的・社会的な認知を得ることができるのである。さらに、独り者だったり、取り替えのきく行きずりの愛人関係のような不確かな関係で暮らしているよりも大きな自立を得ることができる。

二　カップルとは「選択」ではなく「運命の印」である

♥他人を排除する「クラブ」

カップルというのは人生の一単位であり、他人を排除する「クラブ」である。この点で、ただの関係とは違った制度的な側面を持っている。つまり制度的な側面という言葉は、カップルが享受できる社会的認知だけをさすものではなく、カップル自体が存在することによって社会的地位を得て、それが二人のメンバーにとって独立した存在となることをも意味している。その意味で、カップルというのは一つの運命を作り出すものである。それは二人の人間を結びつけるだけでなく、もともと存在していたかのようなカップルという小細胞に、二人の人間を招き入れるものでもあるのだ。作家アルベール・コーアンは『領主の思い人』（一九八六）の中で次のように書いている。「リッツホテルでのその夜、その運命の夜に、彼女はおおぜいの中でひとり気高く、こわいほど美しく見えた。彼女とわたしだけ。以前のわたしと同じ出世主義者の群れの中で、二人だけが群れから離れ、彼女だけがわたしのように、悲しみと軽蔑の思いを抱いて誰にも話しかけないわたしと同じように、自分一人の思いに沈み、そのまぶたの瞬きを見た瞬間にわたしは知った。この人だ。思いがけぬよ

「家＝カップル」

うでもあり、定められていたようでもある運命のその夜に、その場で選ばれた人［…］」。人は合理的な理由（孤独から逃れる、あるいは息の詰まるような帰属関係から逃れる）でカップルを作るのだとしても、そのために利用される手段は非常に非合理的だという特徴がある。ここに挙げたアルベール・コーアンの例のような非合理的な「始まり」が存在するのだ。この非合理的な帰属の神話は、一瞬前まで何の関係もなかった二人の人間を結びつける。それは文字通りの「定め」なのである。想像上のとは言わないまでも、神話的な確信に基づいて二者の関係が始まり、そして誘惑や共通の視点・差異が作用して、その関係は相互的なものとなる。そしてこれは、新しく作られたこの二人だけのクラブには属さない人間たちのまったく知らないところで起きるのである。

♥カップルに必要な「神話」と呼ばれる物語

小説の世界はこれくらいにしておこう。わたしはあるカップルの誕生に立ち会ったことがある。それなのにぜんぜん気がつかなかった。もちろん、その二人がお互いに関心を持ったことには気づいていたが、「始まりの一瞬」についてはまったく気づかなかったのだ。決定が下されるこの瞬間には親密さの印があるのだが、それが今後機能するためには、外部の観察者の目には理解できないものでなくてはならない。それは、新しく生まれたカップルを外部の世界と切り離すために、絶対に二人にしかわからない暗号による最初の言葉なのである。そしてそれが生まれる一瞬はとりわけ感動的ですばらしい。そうでなくてはならないのだ。というのは、これがカップルの基礎になるからである。一般的に、カップルはこの決定的瞬間への信念を持ち続ける重要性を理解している。では、その瞬間とはどのようなものか？　出会いであることは確かだが、それがどんなふうに「唯一の」出会いとなるのか。

わたしは上記のカップルに、カップルができる前に出会っている。わたしは小さなシンポジウムに招待されていて、そのあとシンポジウムの一環として組まれた病院訪問のときに彼らと出会った。シンポジウムで二人のパネラーがわたしのセラピー・テクニックについて言及した。そのテクニックとは、セラピーのときにセラピストを観察するためにマジックミラーを使うことに関するものだった。二人の意見はまったく対立していた。その数カ月後、ある大会が開かれ、この二人が揃ってわたしのところにやって来て感謝の念を述べた。というのは、わたしが（ぜんぜん意図せずに）前回のシンポジウム以後に二人が対話を続けるきっかけを作ってやったからだった。要するに、二人はそれ以来別れることはなかった。もちろん、わたしは何も気づかなかったけれども、キューピッドの役目を果たしていたのである。キューピッドは盲目だと言われるが、それはみなが信じているように、キューピッドがでたらめな相手に矢を射掛けるからではなく、カップルを同じ運命に結びつけるという役目において、それを決めるのはカップル自身であって、キューピッドには何も見えていないということなのである。

したがってカップルとは、自分たちがカップルであることを自分に言い聞かせる二人の人間のことである。二人は親密さを作り出す。それは二人のカップルの物語である。というのは、カップルにはお互いを結びつける血縁はなく（それがカップルの弱点なのだが）、そこが家族との大きな違いとなっている。家族は物語を作り出す必要がなく、伝えればいいだけなのだ。カップルとは自分たちのことが書かれた物語をお互い同士で語り合う二人の人間のことである。その物語では、二人の出会いは一時的なものではなく、これほどの共通点を持つ二人を偶然（キューピッド）が出会わせたのだということになる。ただ誤解のないように言っておくが、ここで話しているのは必ずしも最初あるいは二度目、三度目の出会いのことではなく、互いをよく知り合ってカップルになると決める瞬間のことである。どのような種類のものであれ一つのグループが存在するには、「神話」と呼ばれる物語が必要だ。まず、「運命の神話」というものがある。「運命」というのは、この出来事は前もって定められていて、それを拒否したり反対するのは掟に背くことになるのだと、あとから」作り上げたものである。

♥運命の神話

パートナーの選択という作業は、カップルの構成要素なのだろうか？　そうではないようだ。誰もカップルの相手を選んだりはしない。一般的に選択とは、さまざまな環境、さまざまな文化を持つ相手を対象に、すべての条件を同じにしてテストをし、基準に達しないものを除外していって最終決定するといった作業をすることだ。だがパートナーの選択といった場合の「選択」は、たいていは同じ社会階層の中の二つの対象のどちらかを選ぶことが多い。ほとんどの場合の「選択」は、現実の状況と心の状態の偶然のめぐり合わせに結びついたたった一度の出会いによるものだ。言い換えれば、それは選択ではないのである。結局カップルはその出会いを神話化し、それによって出会いは運命となり、したがってもちろん、唯一のものとなる。前に話したカップルはわたしを「運命の印」として利用したのだが、その二人が持っていた共通点は前の相手に不満があったということだけだった。

したがってカップル・グループの二人のメンバーはお互いに相手を選んだというだけではなく、運命によって選ばれたと信じる必要がある。この後者の要素、すなわち「運命の神話」が正しく認識されないことが多いのは残念である。困難に出会ったとき、選択の問題だけが取り上げられ、個人の問題が原因であると解釈されてしまう。この問題というのが精神分析医の寝椅子をにぎわすことになるわけだが、それは現実とはまったく対応していないので解決不能であり、それだけますます本人の罪悪感を募らせることになる。なぜならそれは、実際には複数の相手の中から選ぶ選択ではなく、カップルを作るときに選択が働いたという、二人の人間が共有する信念なのだから。わたしの説明より、作家ドリス・レッシングの言葉の方がずっと気が利いているかもしれない。彼女は、パートナーの選択が偶然に任されていることを勇気を持って認めている。「わたしたちは、偉大な愛へと続く道すじで出会うたくさんの人々を味わい、試し、臭いをかぎ、試験してみることをまったく当然だと思っている。[…] もし、愛が本当に真剣なものだと考えるなら、目の前に現れるすべての人と寝てみなくてはならないだろう。そのうち火花が散ったら、そのときやっと走り出すことができる」(1)。しかし残念ながら、ことカップルに関しては、正直さはあまり大きな役目を果たしておらず、ドリス・レッシングのようなやり方をしたら、夢の相手が見つかるときまで全員を確保しておくのに苦労をともなうだろう……。

(1) D. Lessing, *L'Habitude d'aimer*, Paris, Albin Michel, 1992.

三　カップルを持続させる非合理的な合理性

♥カップルへの帰属の印

これからカップルになろうとしている二人は、「運命の印」、すなわち「のちに自分たちの決定を正当化することになる共通の意味」を求めている。この非合理的なきっかけの追求が実を結ぶのに時間はかからない。「なんて不思議なんでしょう、わたしたちは同じ星座よ！」とか、「不思議なんだけど、山羊座の人に会ったのは初めてだよ！（あるいは雄羊座でもよいし天秤座でもよい）」とか、「ぼくたちはどちらもモンゴル文学が好きなんだね？（セリー音楽でもよいし、アルモドバルの映画でもよい。神話を神話らしくするには、共通点があまり一般的であってはならないからだ）」とか。うまい例とは言えないが、この台詞はカップルの中で重要な役割を果たすもの（ここでは文学や音楽などの共通の興味の対象）がどのように求められているかを示している。これは違いすぎるということでもいいのである。たとえば、「ぼくたちってすごく変わったカップルなんだ。だって、違っているってことを別にすれば共通点が一つもないんだからね！」と言ったのは、出身家庭の面ではほとんど差異のないカップルの男性の方だった。こうした「神話」は、両者の関係的な側面を超えて、カップルを神秘的にする。当事者にしか了解できないこうした小さな印、秘密の暗号、奇妙な協定、類似点、偶然の一致、カップルへのこうした帰属の印が、カップルの本質なのである。

♥「始まりの神話」がなければカップルは存在しない

運命の盲目の姿を求める行為は、伝説となったり、もっと洗練された物語になったりする。「偶然」、トリスタンとイゾルデは彼らが飲むはずではなかった愛の秘薬を「いっしょに」飲んでしまう……〔その結果、許されない恋におちてしまう。ケルト民話をもとにした悲恋物語で、ワグナーがオペラ化した〕。一九二〇年から二三年にかけて作家フランツ・カフカがミレナに送った有名な手紙を見てみよう。カフカは「わたしたち」という言葉をほとんど使わなかった人だが、そのうちの一つの手紙では、この言葉をカップルと同じような意味で使い、「始まりの神話」と言える意味深長な偶然の一致を語っている。「わたしたちには共通点は一つもない。ただ……この死への願望を別にすれば。『都合のよい』死への共通の願望、だがそれは、子どもの望みだ……」。カフカはその中で子ども時代の思い出を語る。数学の教授を前にして自分の知識の凡庸さを明らかにしなければならなかったときの恐怖の思い出。彼は本当に消えることなく消えてしまいたいという願望をこう語る。「ある条件のもとでは、たとえ教室の中にいてさえ消えてしまうことができる。生きていてさえ人は『死ぬ』ことができる」。この手紙の二十年余りのちに、ミレナはラーフェンスブリュックの死の収容所〔ドイツにあったナチスのユダヤ人強制収容所〕に行くことになり、その場所で一九四四年五月十七日に死んだ。その死の少し前、マルゲリーテ・ブーバー＝ノイマンは、ミレナが泣きながらこう言っているのを聞いたと証言している。「ああ！　死ぬことを押しつけられずに死ぬことができたら！」この言葉をマルゲリーテ・ブーバー＝ノイマンは死を前にしての抗議だと受け取っているが、違うようにも解釈できる。ミレナはこの言葉を口にすることで、わたしたちを彼女とカフカのカップルの魂に触れさせようとしたのではないだろうか。最も情熱的な非合理性、最も脆く、貴重な、神話的カップルの神話に。人は死なずに死に、存在せずに存在することができる……(2)。

(2)　このカップルは虚構にとどまっていたことに注意。二人ともそれぞれ結婚していて、さまざまな理由から二人の関係を公的なものにすることをあきらめた。

イギリス映画『フォー・ウェディング』（一九九四）は逆境の役割をうまく表している。ヒーローとヒロインは何度もすれ違う。ヒーローがヒロインに二度目に出会ったのは、ヒロインが他の男性と結婚する日で、ヒロインがヒーローにまた会ったのは、ヒーローが別の女性と結婚しようとしているときだった。これはカップルができるような成りゆきではない。だがこの二人の解釈によってそうなってしまう。ヒーローとヒロインがこの続けざまのすれ違いを自分たちの伝説として取り入れたとき、二人はカップルになるのだ。ヒーローは最後に次のようなプロポーズをする。「ぼくと結婚せず、死ぬまでぼくを愛さないことを受け入れてくれるかい？」　彼女はこれに「いいわ」と答え、即座に結婚式となる……。『イーリアス』〔ホメロスの二大叙事詩の一つ、ギリシャの英雄アキレウスの物語〕でも同じことが起きているのではないか？　ペネロペーがいとしい夫と再会することをすべての神が邪魔しようとしているが、その事実は二人をより強くカップルとして結びつけているのではないだろうか？　文学や映画以外でも、驚くような非合理的な始まりの例に事欠かない。たとえば、評判の高い研究者である若い女性はわたしにこう打ち明けた。彼女のカップルが困難に陥っているのは、カップルを作ろうという決定を「理性」に基づいて下したことに原因があるのだと。他のすべての決定は、自分の「本能」を信頼して下していたのだが、彼女によれば、本能によるこの決定はすべてうまくいったのだという。カップルは彼女にとって一度も存在しなかった。だが役に立たないわけではなかった。この非合理的な合理性は彼女にとって、支配的で高圧的で批判的な父親と対決する唯一の方法だったのだ。カップルを作らずにカップルになるという方法だったのである……。

「始まりの神話」がなければカップルは存在しない。そして二人の了解する秘密をいっしょに守っているという気持ちがなければ、それは偽のカップルとなり、困難が生じる[3]。ローランとエミリーは肉体関係があった。エミリーが妊娠した。ローランの母親はあらゆる手を使ってエミリーに結婚を承諾させようとした。いっときはエミリーも抵抗した。お互いによく知り合ってもいないと思っていたし、関係を長続きさせるような親密さが生まれるまではまだまだ知らなければいけないことがたくさんあると思ったからだ。それでも、二人は結婚した。二年後、そのカップルは相談に来た。子どもが生まれ、嬉しかったのは確かだ。しかしエミリーは調子が悪い、気分が落ち込む。とりわけ、彼女は自分たちがカップルだとは感じられないのだという。「わたしたちは個人が二人いるようなもので、一人と一人なんです」。二人の間には、秘密をいっしょに守る仲間意識という意味での本当の親密さがないようなのだ。わたしは二人に、状況を変えたいのなら本当の「カップルになる」方法を考えなさいと助言した。孫が欲しいという義母の望み以外に、二人だけに特別な何かを見つけ出すことだと……。

（3）　共通点がまったくないのを自分たちのカップルの特徴だと確信することと、「始まりの神話」がないこととは同じものではない。というのは、すでに述べたように、前者のような確信がカップルを作り出すこともあるからだ。

第2章　親密さと外部規範

もし、二人のパートナーが単なる関係の段階を離れてカップルを作ることを選ぶのなら、前章で見たように、「始まりの神話」を作り出さなくてはならない。いったんカップルが出来上がると、それが続いていくためにはいくつかの要素が必要となる。最初に、二人だけに固有の要素としての「神話」と「儀式」が必要だ。それがカップルを独特のものにして、親密さをかもし出すことになる。次に、外の要素がある。家族、友人、職場、社会、要するに外部の世界だ。外部の世界から認知されることによって、カップルに帰属しているという感覚が強化される。カップルの働きはこの親密さと外部規範との釣り合いをうまく取ることの上に成り立っている。

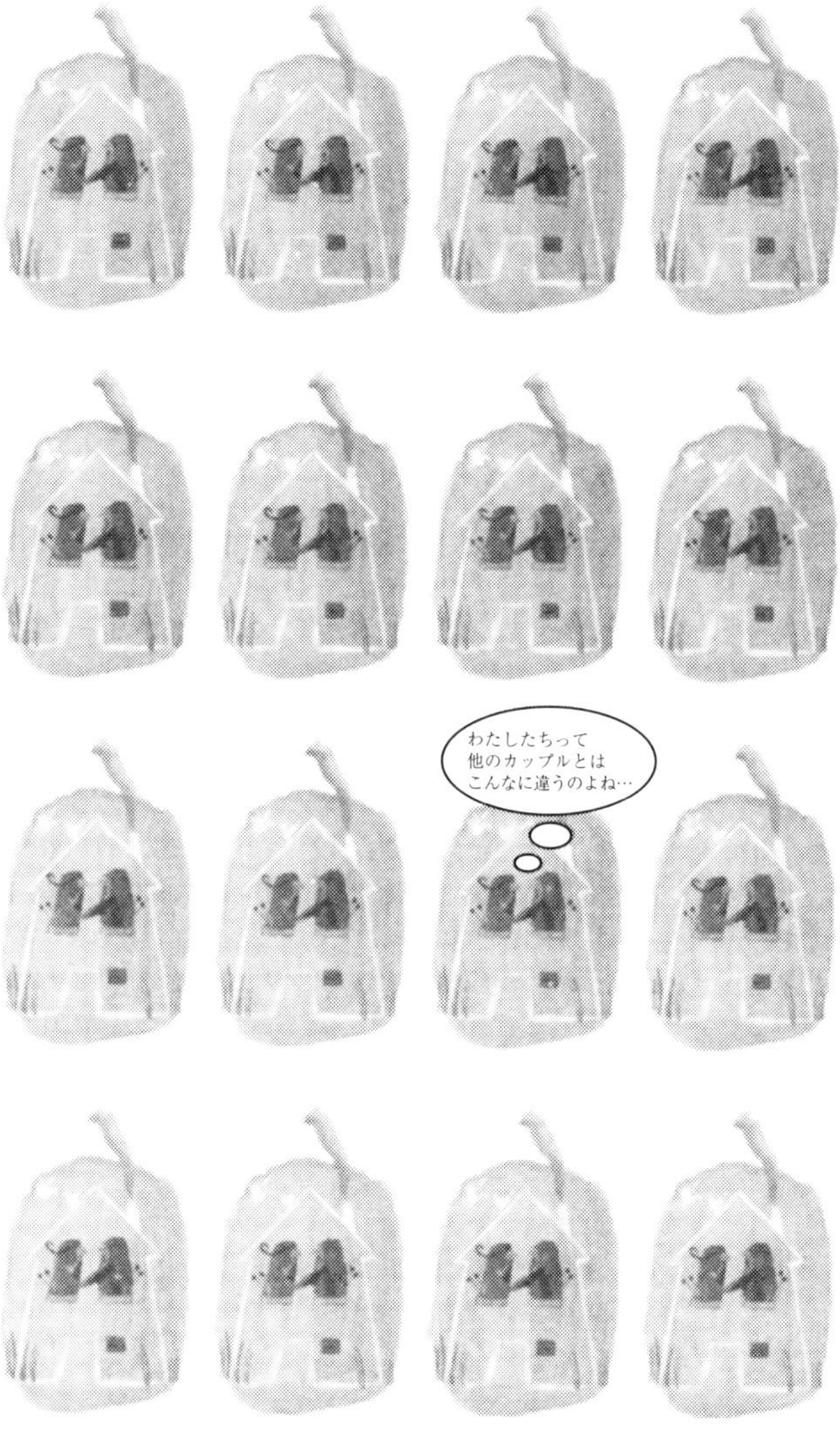
わたしたちって
他のカップルとは
こんなに違うのよね…

このカップルはなぜ他のカップルと違っているのか？

一　なぜこのカップルは他のカップルと違っているのか

♥カップルの親密さ――神話と儀式

定義上、作られた時点ではカップルに過去はない。そこで、拠り所にできる一つの「伝統」が必要になる。それは神話の役目の一つでもある。神話はキーワードの助けを借りて二人を物語の中に招き入れる。「愛」、「連帯」、「信頼」、「寛容」などのキーワードを口にするだけで、二人に、カップルへの帰属を明らかにするために必要な行動をとらせることができる。「わたしたちはいつも、真剣に向き合おうということだけでは一致してきたわ」。この言葉の中では「真剣に」という単語が明らかに神話的な役割を担っている。これはカップル・グループの二人のメンバーが持つとされる（二人はこのグループに帰属しているのだから）特質への「信仰」を示す役目を持っている。その特質は非常に漠然としているが、どれほど漠然としていたとしてもお互いに対しての、あるいは外部の世界に対しての二人の行動・態度を拘束している。たとえば、教育や政治などさまざまな問題について、カップルのメンバーとしての意見はそれをもとに導き出されるのである。歴史人口学者エマニュエル・トッドの研究によれば、フランス人の投票行動は家族の構造、言い換えれば彼らの帰属の神話と結びついているという。同じことがカップルについても当てはまるだろう。

　カップルの神話の世界は、前章で見たように、二人の出会いとともに、そしてカップルを意識するきっかけとなったものの物語とともに始まる。時とともにこの世界は豊かになっていく。冒険、見過ごされるような出来事、事故、病気、悲しみや喜びを共にすることで、カップルの特質をよく示すような物語が練り上げられていく（カップルの永続化のために神話化されているとはいえ、現実的な物語もある）。また、一連の儀式を構成する親密な言葉も定着する。儀式というのは、しぐさ、視線、愛情をこめた呼びかけ、二人の間でしか通じない冗談、ほのめかし等々のことで、その目的は、カップル・グループへの帰属意識を強め、二人がカップルに対して同じ「信仰」を持っているという確信を強めることである。もちろん、実際には同じ「信仰」を持っていることは稀で、カップルへの自分の期待だけではなく、相手が何を期待しているかということについてもそれぞれがばらばらの考えを持っていることが多い。

　カップルが危機に陥ったときにコミュニケーションの障害が原因であることはめったにないというのは、上記のような理由からだ。反対に、二人が相手の考えをよくわかりすぎることから危機に陥ることの方が多い。カップルの神話は、カップルの存続を望むなら曖昧なままにしておいた方がいい部分である。最近わたしは精神科医と建築家の集まる大会に参加したが、このとき、わたしが

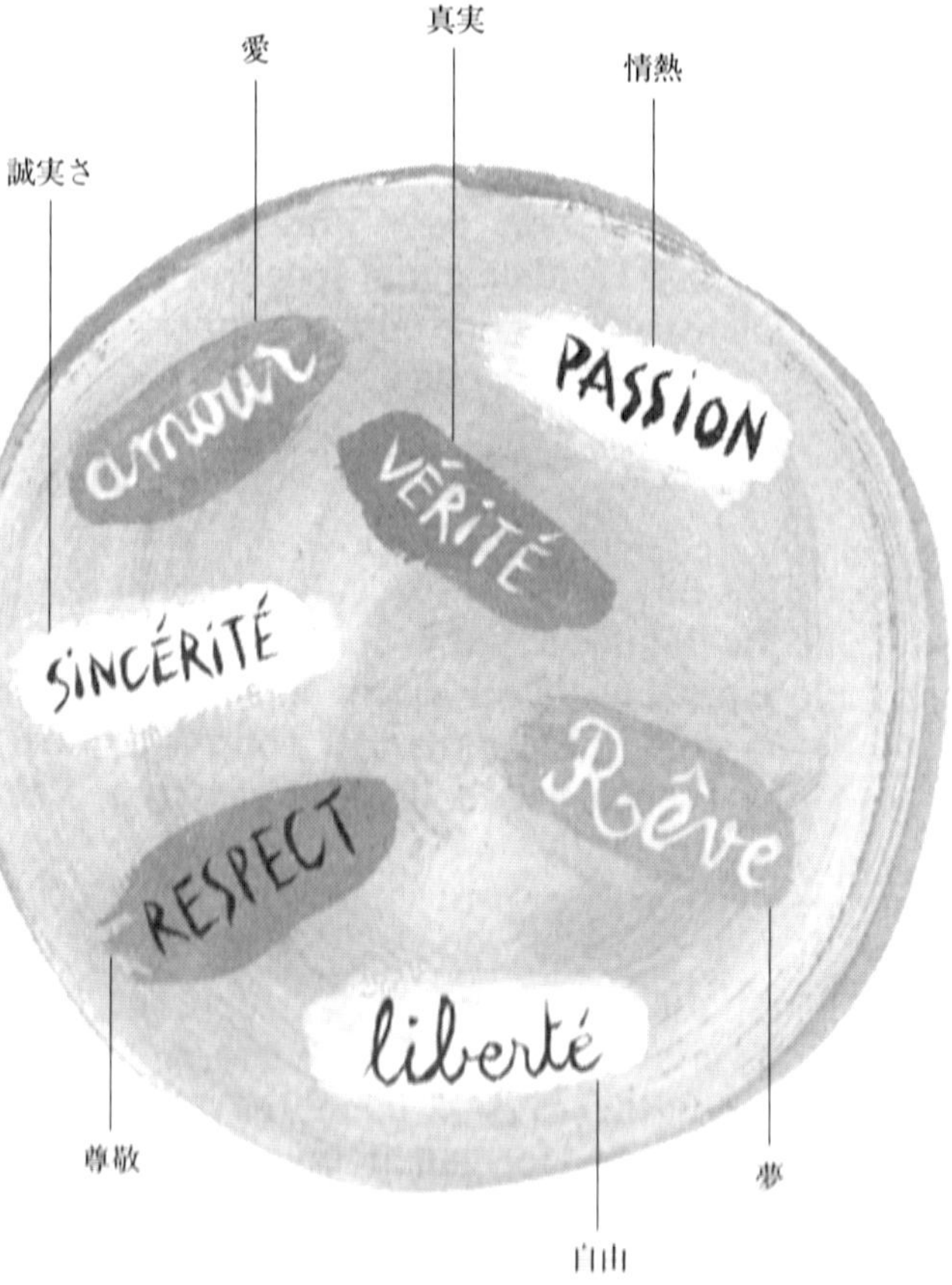
真実
愛
情熱
誠実さ
amour
PASSION
VÉRITÉ
SINCÉRITÉ
Rêve
RESPECT
liberté
尊敬
夢
自由

「神話の核」：カップルの夢

カップルに関心を抱いているのを知って、何人かの建築家が打ち明けたのは、夢の家を建てようとするカップルの計画を無事にやり遂げるのがどれほど困難かということだった。建築家が二人を前にして、将来の家についてどんなイメージを持っているかと尋ねると、二人の意見の食い違いが大きすぎて、建設計画だけではなくカップルそのものまで危うくなることがあるのだという……。

カップルの儀式は、二人の観点の食い違いを明らかにしないまま、親密さを守るという働きをしている。こうした儀式は目録を作るような性質のものではないし、また、儀式中のカップルの行動をカップルのメンバー外の人間が予測することもとうてい不可能だ。それでも、記念日や伝統的行事のときに贈り物をやり取りすることはよく行なわれている儀式の一つである。もっと独特なものもたくさんあり、たとえば診察に来たあるカップルの儀式はこんなものである。妻が夫にほうれん草は好きかと尋ねる、すると夫は必ず「あれは健康にいい」と答えるのである。これでは、妻は夫がほうれん草を好きなのか嫌いなのかわからない。しかしカップルはこのやり取りで二人の間の暗黙の了解を示しているのである〔一三九頁参照〕。

儀式は、食事や性生活といったカップルの生活における重要な行為をある基準に適合させるといった役目を果たしていて、カップルの危機の多くは日常生活の脱儀式化に端を発している。あるホモセクシュアルのカップルでは、「お茶を入れよう」というのがセックスをほのめかす儀式的な

「儀式の核」：カップルの実践

言葉となっている。六十八歳のあるカップルの場合には、「夢を語る」という言葉がこの役目を果たしている。セックスに関する儀式は、お互いへの欲望に関する微妙な話を避けるためにはとりわけ役に立っている。もし、右のカップルの妻が夫の欲望（性行為）の真剣さに疑いを抱いて、その行為が、ロマンチックとはいえない正常な健康概念からではなく、ほんとうに彼女自身への関心から発しているのか、その証拠を示してほしいと要求したとしよう。いつもの儀式をやめてこうした要求が出されたなら、そのときからカップルの存在意義は揺らぐことになる。

♥カップルとは一定の自立的形態を持った細胞である

神話と儀式はどのようにカップルの生存を保障しているのだろうか？　それを知るために、ちょっと回り道をして、一九八〇年に二人のチリの生物学者ウンベルト・マトゥラナとフランシスコ・バレラが立てた仮説を見てみることにしよう。二人は、古典となった本で、(1)ある大きな質問に答えようとした。その質問とは、「細胞の生命とはいかなるものか？」というものだった。彼らによれば、細胞の生命が求められる場所は、細胞の構成要素（核、ミトコンドリア等々）の中や、要素間の特定の組み合わせの中にはないという。そうではなく、細胞の生命は、細胞の生存を保つこと、つまり他との差異を保つこと自体の中にあるという。反対に、死とは脱分化によって特徴づけられる。脱分化とは、つまり細胞内部と細胞外部に過度の透過性が生じて差異がなくなることである。

（1） U. Maturana, F.Varela, *Autopoiesis and Cognition*, Dordrecht(Holland), D.Reidel Publishing House, 1980.

では細胞は、外部環境との必要な交換のために境界を開きながら、しかも差異を保ち続けるために、どのようなことをしているのか？　二人の生物学者は、まず、細胞内に点在している同じ型の要素をグループ化し、それぞれのグループを「世界」と呼んだ。たとえば、ミトコンドリアの世界というように。そのあと、こんな仮説を立てた。細胞の生命が持続するために必要なのは、次の三つである。

●異なった、分離可能なタイプの世界が少なくとも二つあること。

●それらの世界間に一種の「ダンス」のような動きがあり、ダンスの間には、それぞれの世界が自分を保ちながら他の世界に働きかけること。

●このダンス、この働きかけの結果として、それぞれの世界の中に新しい要素が出現すること。

マトゥラナとバレラが話しているのは「自己形成」ダンスのことである。これは、各世界の特徴

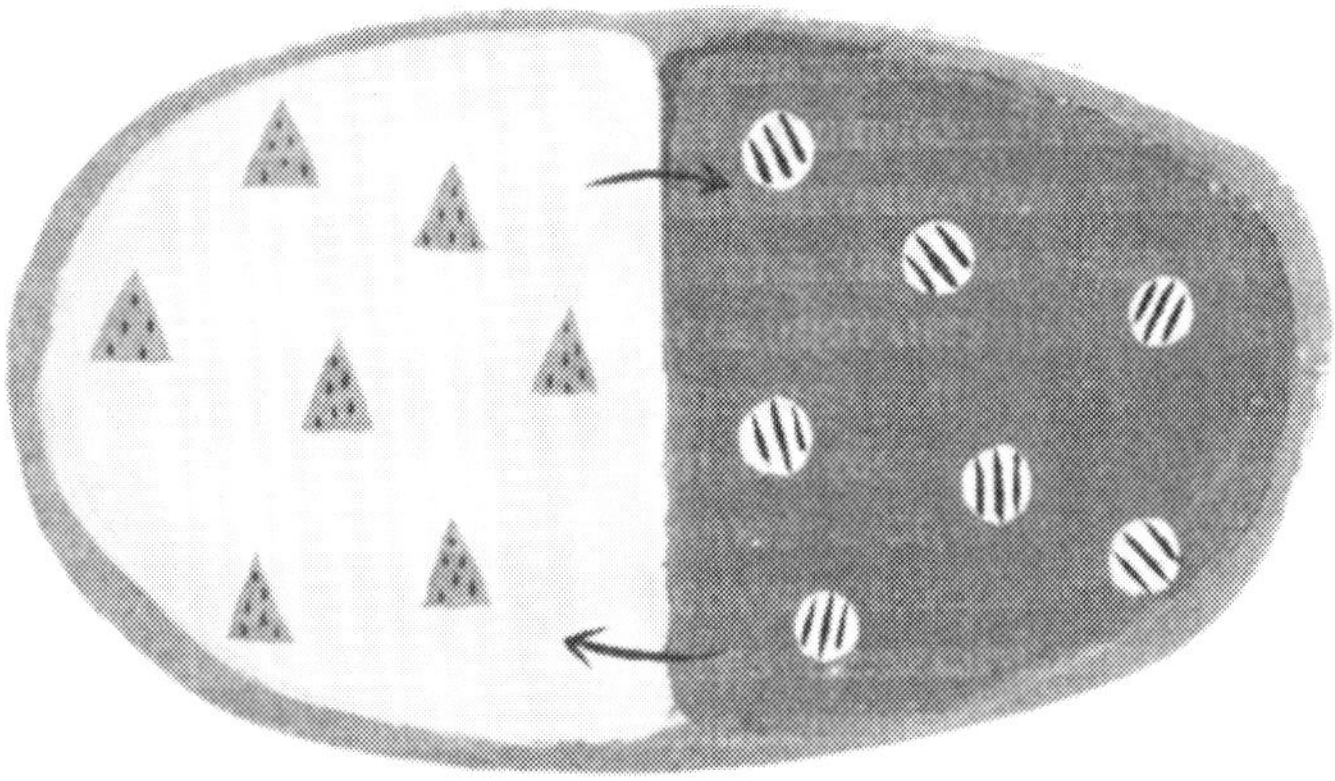

「自己形成」

を尊重し合いながら、各世界が他の世界によって豊かになることができるような創造的なダンスなのである。このダンスによって、細胞は境界を保ち（境界は細胞活動の結果できるものなのでこれを「自己形成された境界」と呼ぶ）、したがってその差異、「アイデンティティ」、生命を保つことができる。

今度は、「カップル」という小さな細胞が、マトゥラナとバレラによって描写された細胞と同じように働いているところを想像してみよう。ここでは、カップルの生命は外部との絆（友人、家族等々）を保ちながら差異を保っていく能力に宿っていることになる。とすれば、カップルの生命は、個々の構成員の中や構成員間の関係の中に存在するのではなく、カップルのアイデンティティを決定する要素を維持し、差異の消滅を防ごうとする各人の協力の中に存在するということになる。言い換えれば、そのカップルに特有の要素、すなわち神話や儀式の「世界」同士の「ダンス」がカップルの生命なのだ。

神話や儀式がカップル特有の要素であると言うと不思議に聞こえるかもしれない。たとえば、セックスをその要素に含めないのはなぜなのか？　それは、カップルがカップルとして自己表現するのに性的関係は必要ないからだ。それでは、相手への愛情は？　愛情もやはり現実より想像の世界での関係の方がはるかに豊かに花開く。それでは法律は？　それも違う。法的手続きをしないカップルは多いのだから事実とは違っている。子どもを持つことについて言えば、それはカップルになることによる必然的な結果ではなく、子どもが欲しいという気持ちがあってこそ生まれるものだ。したがって、セックスも相手への愛情も法律も子どもも、カップルに特有のものではないことになる。そうなると、残るのはカップルそのものへの愛（始まりの神話）と儀式だけなのである。

したがって、この本でわたしが話しているカップルとは、一定の自立的形態を持った細胞である。カップルは外部との境界を守ることができるが、外部の世界との間に越えられないほどの障壁を築くことはない。カップルとは、自己形成モデルに基づいた「自己発展的な」ダンスの産物で、神話の世界と儀式の世界が互いに絡み合いながら相手を「発展させ」、豊かにし合い、相手の世界の要素が新しく出現するのを促すものである。このダンスは、静的なものとは異なり、ルネ・トンの表現を借りれば、内部への「引力」であり、カップルに他との差異の根拠を与えるものである。わたしは今後これを「カップルの親密さ」と呼ぶことにする。

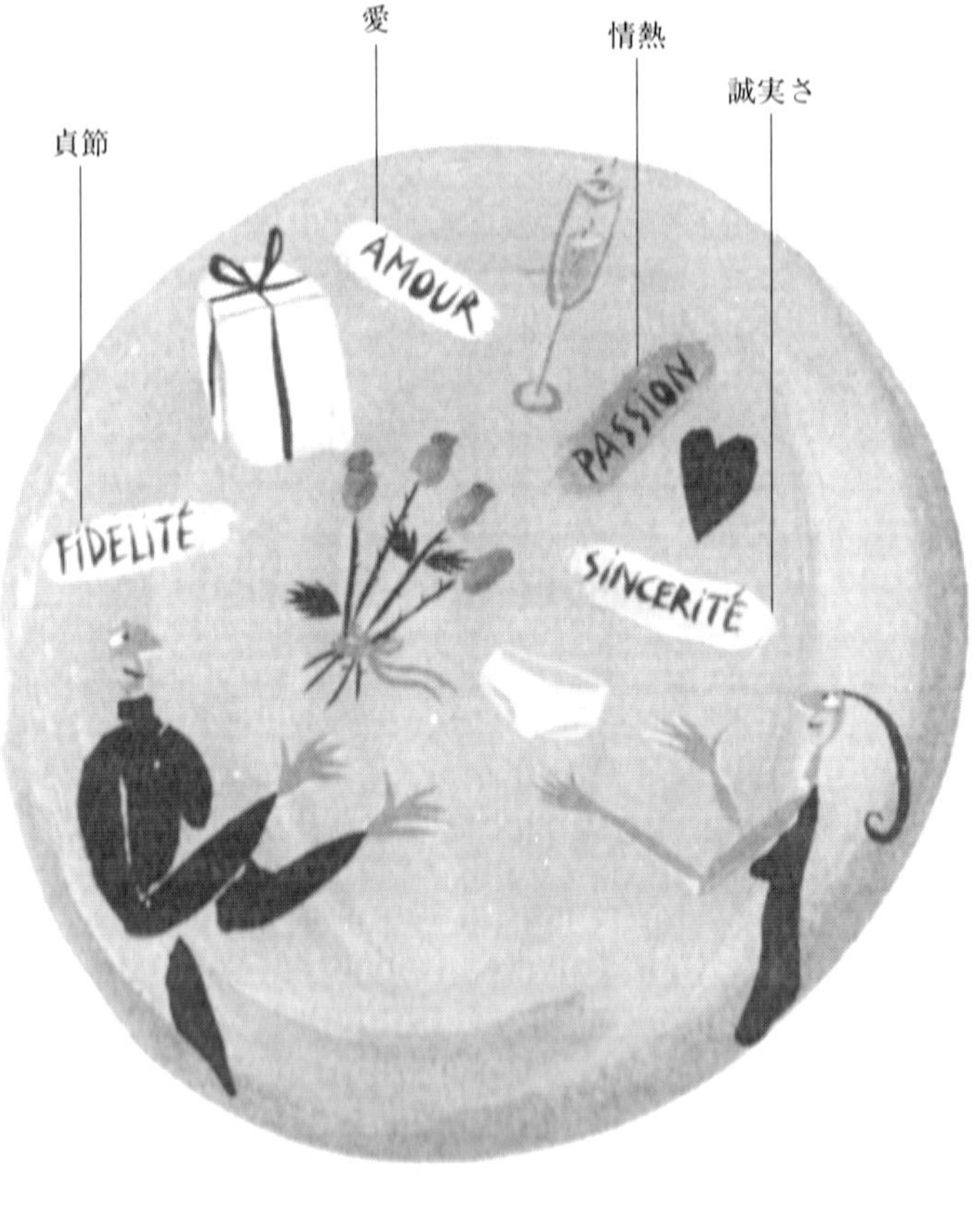

カップルの親密さ

二　カップルの二つの顔

♥外部世界からの認知

物事が正常に進めば、神話の世界と儀式の世界は自己形成的ダンスを通して複雑化し、カップルの働きは外部からはよく見えなくなる。しかし、カップルの親密さにあるこの不透明性は、固有の規範がおしつけられる他の世界にも必ず現れるものだ。たとえば、家族や友人あるいは精神科医のグループ、そしてそれらの表現媒体（女性誌、特別番組、連続テレビドラマ）、さらには宗教的な習慣などである。

しかし、どんなグループも、たとえカップルであっても、単に自分たちの違いを断言するだけでは存在できない。個人が一人で自分の「存在」を確証できないのと同様に（気がふれていれば別だが）、グループもそれ自体では存在を確証できない。これができるのはカルト的なグループだけであり、それ以外は、個人にしろグループにしろ、「神話的な」差異とともに、外部世界からの認知が必要なのだ。既成のグループに帰属するとしても、そのグループは他の団体からの承認が必要である。同じようにカップルというグループも、二人が認め合うだけの小さなカルトにならないように、現実世界に組み込まれる必要があるのだ。そのために、再構成されたカップル（主に再婚組）が出身家族にも友人からも認められずに困難に陥るということも起きる。もちろん、だからといって、すべてのカップルが結婚すべきだということではない。それに、結婚は今日では見捨てられた制度になってきている。おそらく、この制度はもはや認知という社会的役割を果たさなくなっているからだろう。カップルにとっての結婚とは、飽き飽きし急き立てるような様子の助役の前を列を作ってさっさと通り過ぎて、自分たちにちょっとした社会的重みをつけ加えるだけのものになっている。家族にとっては別だが、結婚はカップルそのものにとって何一つ有利な点はない。役所から「家族手帳」が渡されるという社会的儀式は、カップルの誕生というよりむしろ埋葬のようにわたしには思える……。この外部の「引力」である結婚は、社会的・性的な行動規範や、財政や住居といった規範にカップルが従う限りは、カップルの認知要因として機能するだろう。しかし、さまざまな規範そのものが時とともに変化している。たとえばホモセクシュアルのカップルを社会は受け入れつつあり、その法的な認知も時間の問題となっている。

♥カップルは内部世界と外部世界を作り出す

カップルを存続させるために、彼らは正常さの外観を保ちながら、つまり社会、家族、友人が持つ「正常な」カップルという神話に合わせながら、同時に、それに合わない内部の世界を作り出し、その内部世界によって外部との違い、すなわち唯一性を信じることができる。カップルのこの二面性を明らかにするために、わたしは専門家と学生にアンケートを行なった。これは、リストの中から「一般の」カップルの特徴と、自分自身がそうなりたいと願っているカップルの特徴とを選ぶものである。その結果、両者の特徴が非常に対照的であったことに加えて、もう一つの驚きは、質問された人間のうち、「一般」のカップルと自分にとってのカップルとを区別したことに意外感を持った人が少数しかいなかったことだ。まるでカップルが外側に向ける性格と内側に持つ存在とを区別するのは当然だとしているかのようだ。そもそも不思議なのは、セラピーに来るカップルのうちの多数が、社会的には理想的とされるようなカップルなのである……。このアンケートでは、いくつかのカップルに対して、周りの人が自分たちをどう見ているかについて書いてもらったが、「わたしたちの間がこんなにうまくいっていないなんて誰も想像もしていない。みんなの目には、わたしたちは模範的なカップルと映っている。そのうえ、うちの教区ではわたしたちは結婚式の世話人を務めているんです！」というような答えはめずらしくなかった。反対に、周りからは否定的に見られているカップルが驚くほど豊かな親密さを作り上げていることもある。

カップルは、神話に対する支持と社会規範に対する関係とを見つけ出すのに困難を覚えることがよくある。「あなたのカップルの神話とはどんなものですか？」「現実に合わせるために、あなたはその神話のどんな部分を犠牲にしていますか？」パートナーたちはこのような質問に答えるよりも、否定形で訊かれた質問に答える方を好んでいる。たとえば、「カップルを維持するのに重要な内部の特質というものがありますが、これを尊重しないがために受け容れられないと感じるパートナーの行動とはどんなものですか？」といった質問であったり、あるいは規範的な部分については、「あなたが持つカップルに対するイメージや、あなたが自分たちのカップルに与えたいと思っているイメージにふさわしくないために、社会や親しい人（子ども、親、友人）の前では受け入れられないと感じるパートナーの行動とはどんなものですか？」といった質問である。

これらの質問を通して、それぞれが持つカップルの神話や、「カップルの神話」と「周りから押しつけられる規範」との関係は、否定的なものであることがわかった。神話については、ある女性は「大きな嘘は決して受け入れられません」と言い（真実の神話）、別の女性は「わたしの信頼を決して裏切ってはなりません」と言う（信頼の神話）。「浮気は絶対に認められない」と言う男性（貞節の神話）、「ぼくは何でも受け入れる、ただし彼女がすべてをぼくに話してくれれば」と言う男性もある（透明性の神話）。規範との関係については、ある男性は「たとえ二人の間で必ずしも一致しているとは限らなくても、他の人たちの前でぼくの味方をしなかったり、二人が一致しているように見せなかったりするのは許せない」と言い（ここでは、外部の世界にカップルの親密さを見せてはならない、二つの世界ははっきりと区切らなくてはならないという考え方）、ある女性は「わたしに、両親や友人や兄弟に会うなと言ったりするのは絶対に許せないわ」と言うのである（こちらは、カップルの親密さが外部世界を侵害してはならないという立場）。

三　カップルはどのようにしてアイデンティティを確立するのか

♥外部と内部との関係をどう管理するか

カップルは、いったん作られて他との差異を発達させ、社会的に認められれば存在を維持することができる。一方では自分たちの神話に普通の規範が入り込まないように守っていかなくてはならず、一方では理想像を作るときに規範から遠ざかりすぎないように、周りから容認されるように努めなくてはならない。この二つがなければ、規範が親密さの領土を侵害して干渉するようになるか、あるいは社会から認知されず拒否されることになる。したがって、カップルの生命は親密さ（神話と儀式）と外部規範との関係をどう管理していくかにかかっている。実際、どのカップルも特有の親密さ／規範関係を作り上げていて、それがカップルの真のアイデンティティであり「署名」であ

規範：カップルの体制順応主義

左から、「性」「教育」「家族」「友人」「職場」の袋。
カップルはこのような外部規範にも従わなければならない。

り、それが生命を守ることになる。パートナー同士がこの役割を分担していることも多い。片方は主に、カップルの差異を保つことに注意し、もう一方は主に、カップルの関係が他の空間（職場、家族、交友関係、社会）に侵入しないよう、あるいは反対に、カップルが外部からの認知を受けられるよう注意する。こうして、カップルへの帰属はメンバーにとって一種の名刺となり、親密な空間の確保と同時にアイデンティティの支えともなる。伝統的には、女性が親密さの守り手となることが多かった。そして男性は社会に対する代表者となって、女性に社会的関係を保つよう（友人や家族を招くなど）要求し、カップルの社会向けの顔を整える（人前で喧嘩しない、二人の間のことを他の人にしゃべらない、きちんとした服装をする、等々）という役割を担っていた。今日ではそれほど性別に偏らずに配分されてはいるが、それでもカップルの間で役割分担があることには変わりない。

♥カップルが持つ「自己治癒的な」機能

この仮説をもとに、カップルを分類し、いま述べた「親密さ」と「規範」という二つの引力の間での変化を示すことができるだろう。非常に「親密な」カップルの場合、外部の視線をまったく気にしないことさえある。こうしたカップルを「内部ナルシスト的カップル」と呼ぶことにする。このカップルは「神話の崩壊」の危険に対して非常に弱い。反対に、外部の視線によって形作られることの多いカップルもある。こうしたカップルは自分たちを誇示することが好きで、たとえば同業者同士のカップルなどによくある。これを「外部ナルシスト的カップル」と呼ぶ。このようなカップルは、社会的地位を失うことになるような外部の出来事によって大きく傷つく。カップルというものをイメージするには、背骨（カップルの親密さ）と周りの皮膚（規範との関係）を思い浮かべてもらえばよい。すなわち、内部の親密さという背骨で組み立てられた「脊椎動物の」カップルと、外部の規範的構造によって支えられる「無脊椎動物の」カップルとがあるということだ。しかしほとんどのカップルは、この二つの引力から適当に距離を置いた場所に位置していて、唯一ではあるが例外的ではない存在となるための神話を持ち、社会・家族・友人との関係はあるが常に必要としているわけではない状態にある。たいていのカップルは、内部の豊かな働きによって親密さの平凡化を防ぎ、外部からの期待に応えて世界との接触を保つという二重の駆け引きをうまく行なっている。

カップルの親密さは、外部の規範に対して差異を作る役目を持つものなので、その意味から、外部には見えないものである。外から窺い知る限りでは、その機能は奇妙で見慣れないもので、ときには馬鹿げて見えるし、まったく筋が通らないものとして映る。たとえば、人にしか通じない言葉

規範と親密さの間に：カップル

とか、二人を呼ぶ名前、二人だけにわかる行動などがそれである。しかし、こうしたわかりにくい側面、理解できない、馬鹿げた、非論理的な側面が最もよくカップルを守る働きをしているのだ。つまり、そうしたものが境界線となるのである。だから、カップルの一人あるいは両方が体験するすべての外部の出来事が、危険な侵入者と受けとられるのは当然なのだ。それは外部から入ってきて、カップルを正常で、平凡な世界へと引き寄せる恐れがあるからである。その侵入者は、カップルに一見周囲の状況とはほとんど関わりがないように見える行動や非合理的に見える行為をさせるが、カップルは、そうした行動や行為によって境界を固め、親密さを保護しようとするだろう。反対に、神話が発達しすぎたり儀式が厳格になったり、あるいは、あまりに形式的なせいで意味がわからなくなったりしたせいで、カップルの一人あるいは両方にとって、親密さが重荷に感じられ、拘束され息が詰まるように感じられるときもある。この場合は、論理的で合理的な新しい行動が出現して、カップルを外部の世界によりよく適合させようとする。

本書の第二部で扱われるようなケースに応じて、カップルはときには「非合理」の側に、ときには「合理」の側に梶を向けながら小船を操っていく。そしてカップル・セラピーの方針は、カップルそのものが持つ「自己治癒的な」機能に基づいて決められることになる。

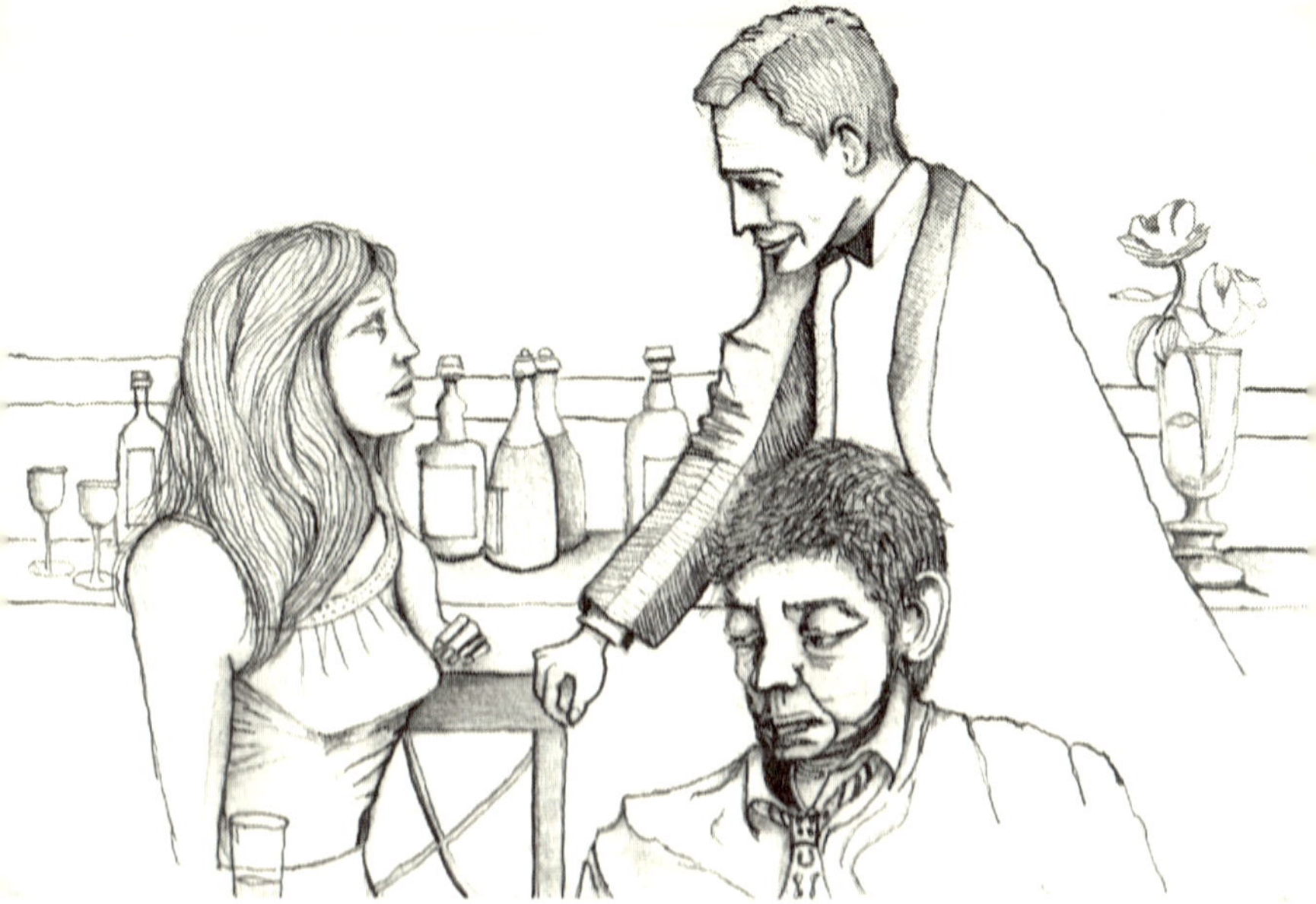

第Ⅱ部

困難に直面して

時の経過、習慣化、日常生活、相手への欲望の喪失、信頼感の喪失は、カップルにとっての恐ろしい敵である。この敵はカップルの神話と親密さを内部から掘り崩すが、外部からの攻撃もある。社会が押しつけてくる規範がそうだ。崩れかけた親密さ／規範のバランスを取り戻すためにカップルは意識的・無意識的にさまざまな解決策を繰り出す。有効な解決策もあるけれど、中にはかえって問題を大きくするものもある。嘘や暴力も実は解決策の一つなのだと言ったら驚くだろうか？

第3章　カップルの問題

ここまではカップルの生成とその構成要素を見てきた。これから、親密さ／規範関係を緊張させる出来事に出会ったときに、カップルがどのように機能するのかを見ていこう。最初に内部の出来事、次に外部の出来事について語ることにする。また、カップルにほぼ絶え間なく襲いかかる人生のさまざまな変化の局面と、その影響（親密さを増す、あるいは外部に大きく開かれるなど）が、変化の時点（結婚、最初の子ども、子どもの巣立ち、両親の死、等々）のカップルの状態によって違ってくることについても触れてみたい。

一　親密さの問題

♥カップルの神話への攻撃

カップルにとって最も恐ろしい敵、それは時の経過、習慣化、日常生活、相手への欲望の喪失、信頼感の喪失、浮気などである。儀式が習慣と化し、神話が当たり前に見えてくると、カップルは、経済的便宜から、あるいは子どもがいるから、という理由だけで保たれる魂のないただの機能的単位になり果ててしまう。端的に言えば、次のような会話が聞かれることになる。妻が言う、「夫はわたしを無視するんです。家事のこと以外にはわたしのことを気にかけていません。週末は寝ているか日曜大工をしているだけ。いっしょに出かけたりしません。バカンスはいつも家族といっしょに過ごすだけです」。夫の方はこう言う、「妻は何が不満なんだかわかりませんよ。わたしはよく働きます。でも、子どもの面倒は見るし家の手入れもしますよ。もちろん、疲れています。だからできるだけ機会を見つけて身体を休ませることにしているんです。でも、それが妻にはわからないんですよ」。ときにはこの立場が逆になることもある。夫の方が、妻は子どもや家事にかまけて身なりをぜんぜん構わないと文句を言ったりする。どちらの場合も、不満は一人あるいは両方のパートナーがカップルの親密さを投げうっているというものだ。この状況が長引くと、さまざまな反応が出てくる。一方は、カップルないしその親密さに新たな関心を向けさせようと、もう一方は、親密さの源としてのカップルの役目を小さく見せるために社会的、現実的、組織的な役割を重視しようとするのが狙いだ。このような戯画的な対立は、昔はもっと違った形で現れていたに違いない。

カップルの神話はパートナーの片方だけが変化したときにも危機に襲われる。それは個人セラピーが終わりかけたときなどに起きることが多い。そうなるとカップルは唯一性を失い、親密さが否定される。たとえば、メンバーの一人が性的、政治的、思想的な自由を主張しようと決意したり、癒着との決別〔セラピーで「夫と癒着している」と言われたりして、夫との決別を主張するということ〕や自立を主張したりする。そしてそのメンバーは、カップルの信仰や特有の神話を考慮せずに勝手に主張を始める。

また、カップルの燃料として機能していた神話と信仰が、パートナーのせいではなく、カップルによって定められた非常に現実的な目標のせいで狂ってしまうことがある。その場合、問題が起きるのはカップルがうまく働きすぎたからだ。目標を達して、もはや存在理由がなくなってしまうのである。たとえば、あるカップルは一つの計画を中心に作られた。その計画は、当時は「神話」のように思えた。家を買うこと、社会的地位を得ること、妻の職業上の成功、子どもを育て上げること。さらに、「ピグマリオン」タイプのカップル〔ローマ神話で、キプロスの王ピグマリオンが、自作した像に恋し、ビーナスに祈ってその像に命を与えてもらうところから、パートナーを自分の理想に合わせて作り上げることをいう〕もある。それは、メンバーの片方が、必要とあらば自分を犠牲にしても、もう片方を成功させようとするものである。目標が達成されてしまったら、そのカップルに何が残るだろうか？

♥親密さの要求

パートナーの片方が個人的な困難、たとえば肉親の死とか失業とかいった困難に出合ったとき、相手に対して、外的な側面のいくつかを犠牲にしてカップルの親密さを強化してくれと強く要求することがある。立ち直るために親密さを必要としているからだ。すると相手は、カップルへの帰属か、仕事や家族などへの帰属かのどちらかを選べと迫られることになる。「病的な嫉妬」というような現象もこのように解釈できる。つまり、パートナーの片方が新しい要求、たとえば、あらためて安心させてほしいとか、カップルへの帰属感をあらためて感じたいというような要求をして、相手がそれに応えてくれないと、嫉妬の非合理的な行動を起こしてカップルを孤立させ、最初の目的に反してカップルを危機に陥れるといったケースである。次のようなカップルもそうだ。妻は母親を亡くし、同じ時期に乳房切除手術を受けた。安心させてほしいという要求に夫が応えようとしないと思って、妻は夫の勤め先に、夫がアルコール依存症だと密告した。夫は何かの記念日に同僚と軽く飲んで帰ってきたことがあるだけなのだが。しかし、妻が職場に侵入してきたということで、夫は同僚から軽く見られるようになり、職場を去る羽目になった……。

♥カップルと性関係

これらすべてのケースで、内部の変化の原因が何であれ（神話への攻撃、親密さの要求の増大）、カップルは容認できる範囲内で親密さ／規範の釣り合いを取り直さなくてはならない。読者は、カップル内部の問題を扱ったこの節で性関係に結びついた問題を取り上げていないことに驚くだろう。その理由は、性的接触の多くはおそらく既成のカップル（既婚あるいは同居）の枠以外で行なわれているからである。そうである限り、性的関係はもはやカップルに特有のものではない。つまり性的関係というものは、すべての行為と同じように、それがカップルの間で行なわれるという事実があってはじめて、特定の意味と機能を持つことになる。たとえば、作家アニー・デュプリーの「それは誰とでも楽しむことができる」という発見は、苦痛に満ちた神話の崩壊を引き起こした。[1]

（1） A. Duperey, *Le Nez de Mazarin*, Paris, Seuil, 1986.

セックスがカップルに不可欠であり、カップルだけのものだという神話を維持するために、複雑な操作に頼らなければならないこともある。たとえばそれは、普通の関係でも実現できるようなものはカップルの間に存在しなくてもいいと考えているカップルである。要するに、性的関係のないカップルだ。カミーユとその夫セルジュはどちらも三十一歳で、八カ月前に結婚した。カミーユは薬剤師だ。セルジュは弁護士で結婚したときに仕事をやめ、官僚になるための試験準備を始めた。十二年間婚約していたが、二人はどちらも性経験がないままだ。二人がわたしに会いに来たのは、カミーユがセックスを拒否するからだった。五年前から二人は性心理学者のカウンセリングを受けていた（大して進歩がないのは明らかだった）。カミーユは膣痙があると考えていた。しかし、婦人科の診察を受けたら、そのような診断は下されなかった。それでも、性関係を結ぼうとすると非常に苦痛があるとカミーユは言う。セルジュの側は、避妊具を間に合うようにつけられたことが一度もないという。たまにつけることができても、そうなると亀頭に水泡ができて非常に痛む。いずれにせよ、カミーユはとくにセックスがしたいとは思わない。「セックスをしてもいい年頃になってからずっと、関心がありませんでした」と彼女は言う。このカップルは、互いへの貞節と相手への欲望をいつまでも保つことの上に成り立っているように見える。他のカップルのように性関係を持ったりすれば、平凡になってしまう。

もっとよくあるのは、性関係がテリトリーの標識あるいは親密さの指標でしかない儀式的なものになっている場合である。その場合、要求される貞節の程度は、性関係に向けるエネルギーの量に対応している。浮気があった場合、非難されるのはテリトリーの特別さを認識しなかったこと、親密さを尊重しなかったこと、カップルが大切にしていた行為を陳腐なものにしたことである。法律が不貞を罰しなくなって以来、パートナーにできるのは非難することだけである。しかし、親密さが失われた結果、浮気された相手は、カップルがもはや虚構となったと感じ、パートナーを「外部の人間」とみなして極端な暴力に訴えることもある。儀式が失われ、あるいはすべての価値観が失われてカップルの神話が無価値になることで、カップルという制度は崩壊する。

二　外部の状況からくる問題

♥認知されないカップルと人気のありすぎるカップル

普通ではないカップルが出身家庭や社会の認知を求めようとすると、大変な困難に直面する。このような問題は、異種の結びつき（違う宗教、違う民族、違う国籍、等々）の場合や、年齢差が大きい場合、規範に反する場合、ホモセクシュアルのカップルの場合、あるいは文化程度や職業などに大きな違いがある場合などに起きる。再婚同士のカップルの場合も困難は免れない。たとえば、妻（あるいは夫）の母親はこんなふうに尋ねる。「おまえの夫（あるいは妻）は元気なのかい？」

それは相変わらず前の配偶者のことを言っているのだ。こうした場合には、親密さ／規範のバランスは必ず親密さの側に大きく傾き、カップルが閉じこもってしまう恐れがある。しかも、外部の世界が彼らを迫害しているように感じられ、とくに社会の規制者（教師、医師、社会福祉の役人、精神分析医、精神科医など）が規範的思想を持っている場合には、ますますその感覚が強くなる。

カップルに変わったところがなくても、できたばかりのカップルは、それぞれの家族に認められていないと感じることがよくある……。そうなると、彼らはさっさと家族を作ってしまおうとする。これが排他的な状態になると、外部からは二人のエゴイズムの表れだとみなされる。すると、元の家族の側ではそのカップルを「正常化」して、もっと外に開かれたものにしようとし、昔の家族意識や愛情や義務感を思い出させようとする。こうして、カップルの最初の喧嘩は、出身家族（両親だけでなく、兄弟や従兄弟なども）との関係が原因になることが多い。

「また君の両親のところに食事しにいかなくちゃならないのか」

「あなただって、手助けしてくれたことに喜んでたじゃない」

「そうさ、だけど君の親はそれをはっきりとわからせてくれるからね！」

「あなたのお母さんだって昼寝の時間に電話してくるのやめられないものかしら？」

カップルは、守らなければならない親密さと、出身家族が若い彼らに期待する「正常な」行動との関係をうまくコントロールしなくてはならない。二人ともカップルに対する忠誠心と、近親者、というより元の近親者への忠誠心とのぶつかり合いを感じないようにするのである。ギクシャクせずにカップルをスタートできる場合もあるが、それでも問題は起きる。たとえばここに、危機に陥っているカップルの例がある。実業家である妻は子どもを連れて家を出た。その後、公務員である夫が鬱状態になって、妻は戻った。カップルとなった五年前の最初の日から、二人は出身家族の影響と対決しなくてはならなかった。夫の方は愛情深い母親の一人息子だった。妻はと言えば、人好きな父親を亡くしたばかりで、兄弟との絆が強かった。二人の結婚が熱狂的に歓迎されたとは思えない。夫の方は妻が暴力的すぎると思ったし、妻の方は夫が大人になっていないと思った。おかしなことに、カップルが危機に陥ったのは二人の関係のせいではなく、綱渡りのような作業が二人を疲れ果てさせてしまったからである。結婚早々から、二人はそれぞれ自分の出身家族に、このカップルが彼らの期待通りのものだというイメージを与えようと努力し続けた。夫の家族にとっては、母親が息子を支えるというそれまでの関係が続くように、妻は「問題」であり続けなくてはならなかった。そこで夫は妻のことを母親に愚痴った。妻は、六人家族の末っ子で、父親がとくに期待して力を入れていた娘だったので、家族からは「勝利者」のイメージでとらえられていた。何かを始めたら成功しないわけにはいかない。それで彼女は、そのイメージを損ないそうな夫の特徴を家族の目から隠そうと、せっせと努力した。二人へのカップル・セラピーでは次のことが明らかになった。彼らがそんなにも疲れ果て、怒りっぽく、失望して、不幸なのは、二人ともカップルとその親密さの確保に時間を費さなかったからだ、というものである。

　このような困難の原因が以前の兄弟関係に隠されていることもある。たとえばあるカップルの一方は、大家族の出身で、兄弟間の対抗意識の面で大きな問題を経験してきた。この場合によくあるのは、その兄弟全員の将来が家族内で前もって決められてしまうことである。誰が「出世するか？」誰が「いい結婚」をするか？　その期待に背くと代償は大きい。そんな状況になってセラピーにやって来たカップルをわたしはたくさん知っている。右の彼らも困難を覚えていたが、カップル自体にはとくに問題はなかった。ただ、二人の悩みが出現したのは、予期せぬ兄弟の成功に傷ついた義理の兄弟（パートナーの兄弟）からの嫉妬を避けるためだったのである。こうしたカップルは、自分たちを不幸だと見せかけることで自分たちの幸福、親密さを守っていたのである。

反対に、自分たちの子どもや他の年若いカップルから頼りにされすぎて、保護者的な役割を演じなくてはならないというカップルもある。いわば、人気の犠牲になっているのだ。そういうカップルは内部の神話を維持するのがしだいに難しくなってくる。他人から寄せられる関心という外部の引力はそれほど嬉しいものなのである。こうしたカップルは、社会的、慈善的、政治的、宗教的な団体で才能を発揮していることが多い。

♥カップルと社会的・心理的規範

すべてのカップルは独自性、特殊性、独特な存在形式を守らなくてはならない。同時に、外部からの認知の必要がその閉鎖性を和らげ、外の世界へのアンテナとなる。ところが、規範は無理やりカップルの内部に入り込もうとすることもあり、難しい要求や決して満たしえない要求を突きつけて、カップルのアイデンティティを危機に陥れることすらある。カップルに関する行動規範がこれまでになく拘束的、道徳的になった今日では、いっそうそのような事態が起きている。各自が自分の規範を勝手に作ることのできた一九六〇年代の自由な時代のあとで、社会的圧力は再び大きくなり、以前は個人の自由を提唱していた同じ人間が、いまでは規範の強化を口にするありさまである。近頃の評論家たちは欲望よりも「法」の方に関心があるようだ……。カップルに関する行動規範の社会的心理的な神話は、現在、次のようなものである。

✢✢✢

●カップルにおいては各人が心理的にも財政的にも自立していなくてはならない。
●カップル内の関係は「癒着的」（？）でも、父子的でも、母子的でも、兄弟的でもあってはならない。

●カップル自体が自立していなくてはならない。つまり、両親から離れなくてはならない。とはいっても、両親とよい関係を保つことは、とくに子どもがいれば必要である。

●家事は同等に分担しなければならない。

●子どもが生まれたら、子どもは両親によって教育されなくてはならず、両親が同等に子育てに関わるべきである。

●子どもの教育は親の管轄であり、祖父母に子どもを「取り上げ」させてはならない。

●カップルは豊かな性生活を持たなくてはならない。

●カップルは親密な空間を持たなくてはならない。

●カップルは子ども自身と、子どもの空間、子どものアイデンティティ、子どもの自立を尊重しなくてはならない。

●カップルは子どもに対しては常にカップル間の完全な合意に基づいて行動しなくてはならない。

●同じく、カップルは子ども同士が愛し合えるように行動しなくてはならない。

このリストは、まだまだ続く。これが正しいかどうかを判断するのはわたしの仕事ではないが、いくつかの項目の強制的な性質は有害なように思える。というのは、規範の侵入に抵抗力のない形成途上のカップルのみならず、経験あるカップルでさえ、教育問題でしかないものをさもカップルの失敗であるかのように感じてしまうことが多く、それが大きな負担となりかねないからだ。

三　人生の局面に結びついた問題

♥結婚あるいは関係の公式化

脱儀式化が進んだ今日でも、まだ五〇パーセントほどのカップルが社会的認知手段としての結婚を選んでいる。しかし、結婚がカップルを作るという機能を持っていたことは一度もない。むしろ結婚の機能は、すでにできているカップルに規範を提示し、これを宗教的、社会的に認知するというものだった。教会でさえ、かなり早くに当人の意志を結婚の条件として、たとえば駆け落ちしたカップルの結婚を受け入れていた。これは、父権の強かった時代においては革命的とも言えることだった。結婚はカップルを一つの家族に組み入れ、それによって財産と系統の伝達を確実にしようとするものであるが、現在では単なる同居の届けだけでもほぼ同じ効果が得られている。

カップルが出会う最初の困難の一つとして結婚あるいは関係の公式化が挙げられるのは上記のような理由からである。つまり、結婚の目的の曖昧さが困難を生み出すのである。カップルの始まりを結婚だと言い切る人もいる。しかし、陳腐とは言わないまでも、かなり標準化された結婚式の多い昨今、結婚式がカップルの神話を支え切れない恐れもある。カップルへの帰属を正当化するために市長（あるいは司祭）の前を通り過ぎるだけの結婚を選んだ人間にとっては、その危険はより高い。もし、パートナーのいずれかが早まってこの行動を引き起こそうとすれば困難が生じるだろう。しかしこうした困難が逆にカップルの親密さを強め、陳腐化を防ぐ役目を果たしてくれることもある。ある女性は、配偶者が独特の結婚の儀式を考え出したと話してくれた。一方、ある女性の場合は、結婚以前はセックスに何の問題もなかったのに、結婚以来セックスを拒否するようになったという。彼女は、結婚という枠内でセックスをするのは、法的に与えられた権利を行使することにしかならないのではないかと恐れたのである。

最後に、結婚がメンバーの片方だけに特別な意味を持つことがある。その影響は長引き、数々の問題を引き起こす。たとえば、結婚が自分の出身家族への贈り物として差し出されたり、自分の出身家族への挑戦として投げつけられたりする、次のようなケースである。若い優秀なエンジニアのエクトルはアフリカ出身の女性と結婚した。だが妻の方は、夫に対する疑念がぬぐい切れていない。

つまり自分は愛から行動したとしても、夫は政治的信念に基づいて家族や社会に挑戦するために結婚したのではないかと思っているのである。このカップルが最初の困難に直面すると、エクトルはそれを妻のせいにして、妻が「義務感で行動する」からだと非難した。しかし妻のそのような行動は、実際には、結婚のときに愛情面をないがしろにして、カップルよりも「政治的」次元を優先させた夫の態度を皮肉っていただけなのである。

♥家族の形成

今日では、子どもを持つだけでは必ずしも家族を作ろうと決意したことにはならない。少なくとも、二人ともがそう考えていることにはならない。女性が一人で子育ての決心をすることもしだいに増えている。その場合、カップルのままでいるかどうかはともかく、父親は多かれ少なかれ近くで支援する。結びつきの強いカップルの念頭には家族を作るという発想が浮かばない場合もある。このとき子どもは、カップルへの愛が現実化したものでしかない。反対に、カップルの計画と家族の計画を混同する人たちもいる。なぜならこの人たちのカップルの神話は、家族を作る（もちろん、理想的な）という考えを共有するところにあるからだ。だが、いちばん多いのは、現代的な意味での家族、すなわち両親と何人かの子どもが含まれた帰属グループとしての家族を作ろうとするカップルである。

家族はカップルとは明らかに別のものであり、それまであったカップルという制度の代替えにはならない。カップルに固有の親密さ／規範関係は家族の存在によって新しい試練に出会う。なぜならこのときカップルは、カップル固有のものであるはずの生活のスタイルに枠をはめようとする家族的・社会的規範（住居や衛生などの）に引き寄せられ、儀式の変更を迫られるからである。

赤ん坊が二人の生活に落ち着き、両親がほっと一息ついた頃に問題が始まる。カップルはもう一度親密さを取り戻し、互いに結びつかなくてはならない（象徴的な意味だけではなくベッドでも）。昔は、問題を起こすのは女性だとされていた。母性愛で胸がいっぱいになって夫婦生活を省みなくなると思われていたのである。今日では事情が変わった。父親が「母性」の喜びを発見したのだ。人目もはばからず、しかも上手に赤ん坊をあやす父親の姿がよく見られるようになった。配偶者がこの役割の逆転を受け入れない限り、カップルは困難に陥る恐れがある。ときにはカップルが親密さを取り戻さないまま続いていくこともある。幸いなことに、このときの困難はそれほどひどいことにならずに解決することが多い。つまり、こうしたカップルは必ず親密さ／規範関係を再調整し、適切な解決法を考え出すのである。

次の局面、子どもを教育する段階では、カップルの親密さ、そのアイデンティティが脅かされる。

現代の理論の一つは、よいカップルはよい教育者であるという考え方を強調している。この神話のせいでカップルは頻繁にセラピーに通うことになる。つまり、子どもたちは大小の問題を引き起こすものだが、そうなるとカップルは、自分たちの教育力だけではなく、自分たちのあり方自体にも原因があると考えてしまうのだ。子どもの出会う困難の原因を自分たちのカップル固有の欠陥のせいにする。学校の成績や、清潔さのような些細な問題、あるいは拒食症や過食症に至るまで……、薬物中毒、犯罪、精神病は言うまでもない。ところが実際には、夫婦という観点から見ると、そうしたカップルはほとんどきちんと機能しているし、それどころか非常によく機能している。おまけに、彼らは結びつきが強い。実際は、問題は他のところにあるのだ。一般に、結びつきの強いカップルだからこそカップルと家族の関係にうまく対処することができないのだとも言える。たしかに家族を作ろうと決めたのは彼らだ。だが、そのときはまだ、家族という形態では教育的役割への集中がどれほど強く求められることになるのか、気づいていなかったのだ。

教育的側面が消え去る時期が来る。子どもたちが思春期になって、もはや「教育する」というより、自分たちカップルと同居する若い大人としての我が子と「どううまくやっていくか」という局面である。この時期には、カップル内で摩擦が起きやすい。互いに自分の出身家族から受けた教育に基づいて、何を尊重し、何を批判するかという自分なりの教育規範を主張し合うからだ。だが、よく知られていないが、摩擦を引き起こすのは他の理由によるかもしれない。それは親が次のようなことに気づいたときだ。子どものことでおおっぴらに、派手に喧嘩して、とくに別れるのどうのという言葉が飛び出したりすると、どんな反抗的な子どもでもショックを受け、責任を感じて、とたんに結婚カウンセラーに早変わりし、大人の態度を身につけるようになる。両親のこの摩擦は、一致しているという見せかけをつくろうよりも、ずっと役に立つような気がする。親が一致して子どもに対していれば、子どもの方は圧迫感を感じるばかりである。

ここまでの段階をカップルが通り過ぎてくると、今度は新しい危機がやってくる。いわゆる「空の巣」という危機で、子どもが大きくなって出て行くと、両親は自分たちでもう一度カップルを組み立て直さなくてはならなくなる。しかし、この問題はかなり立て直す必要がある。第一に、本書の初めで触れたように、経済状況から親と子が長い間同居することが増えていて、子どもが出て行くと安堵の吐息が聞かれるほどになっているからである。次に、これもやはり経済状況のせいで、たとえ出て行ったとしても、子どもたちがいつまでも部分的に親に依存することが増えているからである。したがってこの時期はむしろ、二世代の大人が同居する時期、次に、別れても絆を保ち続ける時期と考えた方がいいだろう。これは、クラブのあり方とよく似ている。上下関係のない共同責任のクラブである。

♥老い、病気、死

自分たちの両親の老い、そして死は、試練に直面したカップルが連帯感を再び見出す機会となる。ただしそれは、二人で試練を分け合えばのことだ。中には配偶者を保護しようとして、両親の老いによる困難を一人で全部引き受けようとする人もいる。すると、もう一人の方は排除されたように感じることが多い。そうなるとカップルは、外部世界に対するときのような拠り所とはならなくなる。

一方、カップルが長続きすれば、いずれは片方が病気（癌、エイズ、アルツハイマーなど）になって、パートナーの死の可能性に直面することになる。ときには、病気が早い時期に現れることもある。五十代のカップルの典型的なケースでは、子どもたちは家を出て行き、仕事はなんとかうまくいっている。カップルは何度か危機を経験したが、どうにか切り抜けてきた。パートナーは深い愛情で結ばれている。すると突然、片方が見通しのつかない病気にかかっていることがわかった。誰でも、もしも相手が死んだなら自分はどうなるのだろうと考えるときが少なからずあるだろう。だが、この場合はまったく違う。パートナーの一人が現実に病気に直面し、その病気は予断を許さないのだ。

パスカルとその妻ドミニクはすばらしいカップルである。ドミニクは四十七歳で、パスカルは五十一歳。二人は成功したカップルの典型だった。もちろん、浮気だとか、仕事上の競争だとか、娘が思春期に荒れたとか、さまざまな困難を経てきたが、セラピーの助けも借りずにすべてに適切な解決策を見つけてきた。彼らの「始まりの神話」は、『美女と野獣』〔原作ルプランス・ド・ボーモン夫人。ジャン・コクトーが映画化（一九四六）〕のような物語で、二人はよくそれを話し合っては楽しんだ。ドミニクは非常に美しく上品で、裕福な家庭の出身だった。パスカルは反対に自分を醜いと思い、恵まれない環境に育ったが、驚いたことに、おずおずと申し出た求婚が受け入れられた。ドミニクは彼の不器用さと、求婚に応えたときの喜びように心を打たれた。何年もの間カップルは、ドミニクの存在は思いがけない贈り物であるという図式の中で生きてきた。ところがある日、ドミニクが癌に侵されているという診断が下された。ドミニクが四十五歳のときだった。手術を受けたが、予後の見通しは暗い。再発の恐れがあるので、注意深く治療計画に従わなくてはならない。二人はこの出来事と関係があるとは思っていないが、二人の関係に困難が生じ、カップル・セラピーを受けなければ家を出るとドミニクが脅すほどになった。パスカルはセラピーを嫌がっている。自分たちで切り抜けられると思っているからだが、結局は、「彼女を喜ばせるために」セラピーを受け入れた。

二人がやって来た頃には、喧嘩の回数が増え、二人の間の溝は深くなっていた。ドミニクは、一人で暮らした方が幸せではないだろうかと考えている。病気のことはほとんど口にされないか、表面的にしか話されていない。お互いに、相手にこうしてほしいああしてほしいという実りのない長話をするばかりで、繰り返しが多かった。こんな繰り返しに凍りついた不毛な話から、永遠への鍵を見つけ出そうとでもいうのだろうか？　それとも、怒りの爆発とはなってもドミニクが最後には必ず夫を求めて終わるこの争いのおかげで、二人の「始まりの神話」はふたたび動き出すことができるだろうか？　「美女」が迎えに行って彼を「驚かせる」という神話を。二人にこの仮説を話してみることにする。

第4章　カップルが二人だけの解決策を考え出すとき

カップルは存在を続ける間にたくさんの困難と直面し、存続の危機に陥る。生き延びるために、カップルはたくさんの解決策を考え出し、そのおかげで、カップルのアイデンティティを作り出している親密さ／規範関係が保たれる。こうした解決策は大きな犠牲をともなうことが多い。ときにはパートナーや、さらには子どもたちまでが、精神的あるいは肉体的な健康を危険にさらすこともある。カップルが、死以外に解決策を見つけられないことさえあるのだ。

一　機能的解決策

♥親密さの漏出に対処する

神話的部分が攻撃を受けると、カップルはアイデンティティを強化し、外部世界との境界を固め、つまり内部への引力を働かせる手段を見つけることになる。解決策はカップルの数だけある。それでも、古典的な解決策は大きく二つに分けられる。夫婦喧嘩と夫婦のテニスである。

ほとんどの場合、あるカップルの喧嘩のパターンは決まっていて、ベッドでの仲直りで終わることが多い。この、本当は儀式である喧嘩の暴力的な側面は、見る人にとってはとくに不愉快なことである。だがそれは、個人的な場面に立ち会っているということからくる印象なのだ。カップルの親密さを強化し、世界との扉を閉ざそうとする行為だからである。

夫婦のテニスというのは、困難にあるカップルがより一般的に利用する機能的な解決策である。これもまた儀式の特徴をすべて備えている。繰り返しのやりとりがある、はっきり決まった枠内で行なわれる、決まった規則に従っている、始まりと終わりがはっきりしている（テニスコートの使用時間）。この儀式はパートナーたちに、儀式の枠内で、矛盾する感情を表現させる。片方は丁寧

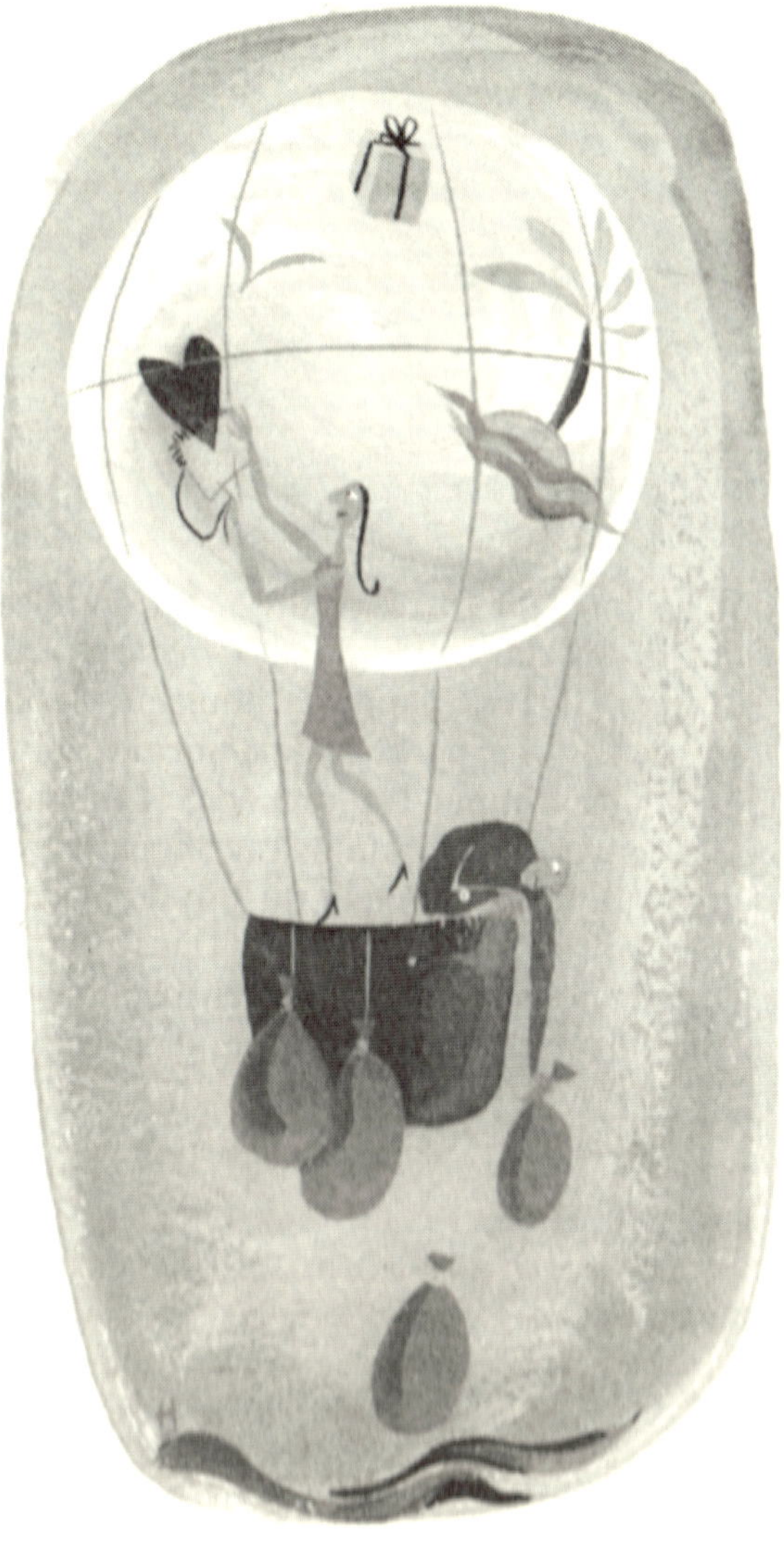

親密さを修復し、規範を和らげる

かと思えば、もう一方は攻撃的になったりする。儀式であるため、ルール違反は許されない。たとえば、論争的な方面にはみ出たり、セックスのようにあまりに個人的すぎる部分に触れたりしてはならない。

同じ趣旨で、中立的な場所で儀式的なデートをするカップルもある。カフェとかホテルなど、日常を離れた場所で出会いの喜びを新たにするのである。

会話の場所を用意しておくカップルもある。キリスト教徒なら、教会の勧めに従って「腰を据えて将来をみつめ」、儀式的な会話をする。あるいは宗教を離れてもそのような場所を作り出すことはできる。あるカップルは夜に犬の散歩に出かける。それはペットがいなくなってからもずっと儀式的に続けられるのである。

♥外部からの侵入や拒否からカップルを守る

反対に、神話の肥大とともに親密さ／規範関係の不均衡が生じ、アイデンティティが脅かされていると感じたときのカップルは、非常に合理的に対応することもできる。互いに学び合うことによってパートナー間の意見や信念の相違をなくすだけでいい場合もある。また、カップルが社会的交友関係に参加して認知を得ることもできる。たとえば家を買うとか、子どもをつくるとか、団体活動、政治活動、宗教活動に加わるなどである。

二 問題のある解決策

カップルが神話に関わる困難に直面したときにとられる解決策の中には、よいとも悪いとも予測できないものがある。嘘をつくこと〔あるいは隠し事をすること〕と、同居形式を変更することは典型的な例である。

♥秘密、嘘、知らせずにおくこと

秘密にされる内容しだいで秘密の役目は変わってくる。もし、秘密の内容ではなく秘密があること自体が前もってわかっていれば、秘密はカップルの始まりの重要な要素となる。その場合、秘密は出会いに神秘的な魅力を加え、それがカップルの神話を作る場合もある。

もともと秘密に何の中身もない場合もある。パートナーの片方が秘密の存在自体を信じたいと思っていて、それが実際には「秘密がない」という秘密だったりすれば、それは嘘ということになる。セラピーのときに、パートナーの片方が、相手は子ども時代に苦しんだとか辛い経験をしたと語ることがあるが、その確信は中身に裏づけられてはいない。しかし、セラピストはそんなとき絶対にその秘密の中身を明かしてはならない。というのは、その人がパートナーの悲惨な過去について持っている確信は、カップルの神話において非常に重要な役目を果たしている可能性があるからだ。たとえば、二人はそれによって救い主と救われた者という役割を演じているのかもしれないし、秘密の中身を明かすのは、とくにその秘密がありきたりのものであれば、カップルに致命的な「神話の崩壊」をもたらすかもしれない。

秘密の中身を明かすのと秘密があることを明かすのとではまったく異なっている。あるカップル、とくにうまくいっているカップルへの帰属は、その帰属によって安全の感覚が得られるだけに治療的な役割を持ち、相手に秘密を打ち明けようという気を起こさせる。たいていは、子どもの頃のトラウマの存在が明かされる。強姦、さまざまな接触、父親あるいは兄弟による近親姦などである。こうして秘密の中身を明かすのは相手への信頼を示し、カップルの構成要素となる。

カップル内部のことを第三者だけが知っていて、その第三者があとでその中身を明かすといったこともある。重い鬱病を治療していた女性がいた。鬱病の原因は、義母が彼女に夫の秘密を明かしたことにあった。夫に子どもをつくる能力がないことを、彼女だけに、秘密を誓わせて明かしたのだ。義母は、息子が子どもの頃にかかったよくある病気の結果子どもをつくる能力がなくなったことを知っていたが、一度もそのことを本人に知らせず、カップルにいつまでも子どもができないことに驚くふりさえしていたのだった。わたしの助言に従って、妻は夫にそのことを打ち明け、その結果家族の危機は救われ、妻も鬱病から脱出した。カップルはこの試練を乗り越えて、さらに結束が強くなった。

信頼と嘘はカップルが何度もぶつかる問題である。実際、それ以前は均衡も取れてかなりうまくいっていたカップルが、神話を取り返しのつかないほど損なう打ち明け話によって壊れてしまうことがある（打ち明けた方はカップルを壊す意志など毛頭なくても）。矛盾する話なのだが、隠されていた事実（たとえば一度限りの浮気）を明かそうという気持ちにさせるのは、カップルの神話化された特質である信頼からなのだ。しかし、よくあるのは、片方がカップルの透明性や真実の尊重のためにした打ち明け話を、相手が攻撃、裏切り、取り返しのつかない不幸と受け止めてしまうケースである。実際、「真面目な」パートナーがやっているこの行為は災厄であり、軽率さ以外の何ものでもない……。わたしは思うのだが、これが行動に移されてしまうのは、両方とも満足していないからではないだろうか。打ち明けられた方はこれを、長年たまってきた不満を晴らすのに利用する。わたしなら慎重になれと助言するだろう。パートナーの片方が相手に「打ち明け話」をしようとするときには、おそらくそのカップルは疑いの期間を経てきた可能性が高く、それはどちらにも影響を及ぼしているのだ。たえず嘘をつき続けることなく、あるいは隠し事を続けることなく「真面目に」なるのも、やめておいた方がいい。もちろん少なくとも、カップルを危機に陥れようという意図がないのなら……。

『秘めごとの季節』の中でマルセル・パニョル〔一八九五～一九七四。フランスの劇作家〕は、祖父が、祖母が長年疑ってはいたがそれまで一度も告白させられなかった浮気のことを、ずっと後になって告白した瞬間を語っている[1]。ここでは、祖父は隠していただけではなく本当に嘘をついていたのだ。というのは、祖母が祖父の仕事仲間から聞いて問い詰めたのに対し、祖父は「愛する妻のためを思えば、最初で最後の嘘を、しかも、悪びれずに、口にしなければならないのだということを悟った」〔佐藤房吉訳、以下同〕からだ。「彼はその直角定規――それを永久に曲がりっ放しにする危険をもかえりみず〔祖父は石工組合に加盟していた。引用者注〕――にかけて、自分はその『姐さん』と道ならぬ仲になったことなどないと口をきった」。祖父の同業者間でのあだ名は「マルセイユの正直者」だっただけに、その嘘はなおさら重大だった。祖父の言葉を信じられなかった祖母は、四十六年もの間、本当のことを白状させようと何度も試みていた。祖父は雄雄しく抵抗を続けた。妻がわざと彼を酔わせ、その話題に引きずり込んだその日までは（そのとき二人は八十六歳だった）。「ねええ、アンドレ、今になれば、どうでもいいことじゃありませんか？　こんなこと、もう今のわたしたちには関係もないし、考えてみればくだらないことだと思いますよ……今のわたしたちに残っているのは、お互いに気心の知れ合った仲だということだけでしょ。四十年からいっしょに仲よくやってきたのに、そこに少しでも隠しごとが入っていたんじゃ、郵便やさんの靴のなかに尖った石が入っているようなものじゃないの……だからアンドレ、ほんとうのことを聞かせてくださいな！」 祖母はさらに言い張る。「わたしが愛しているのは真実なんかじゃないわ。あなた自身なのよ！ わたし、自分のご亭主が嘘つきだと思うとがまんできないの！ さ、アンドレ、聞かせて！ 黙っているなんて、わたしから泥棒するのもおんなじですよ！」 哀れな祖父はすっかり感動して打ち明けてしまう。「そりゃたしかに、わしはあの女となにしたさ。年は四十だったし、お前とは遠く離れていたし……でもお前だって、わしがほんとうに愛したのはお前だけだったことは知ってるだろうが……」。祖母はその関係の詳細を知りたがる。するとと祖父は重大な失敗を犯す。その失敗は、わたしに言わせれば、カップルの神話を攻撃するものだった。カップルの唯一性への信念への攻撃だったのである。祖父は言う、「お前のやり口とおんなじだったよ」。つまり、祖父を誘惑するやり口のことである。悲劇の幕は切って落とされた。祖母の歯は「一本しか残っていず、上唇がそれにのっかっていた。一本しかないとは言え、その歯は、形も色も、それはみごとなものだった」。まだ小さかったマルセル・パニョルは祖父母の農場に着いていて、恐ろしい光景を目にする。祖母は四人の男に取り押さえられ、医師が台所で祖父の手当をしていた。「その祖父の上にかがみこむようにして、眼鏡をかけたお医者さんが、時計屋の使うようなピンセットで、祖父の血まみれの肩をつついていた。歯を、わが祖母のあの立派な歯を捜しているのだ。それは彼女がアンドレの肩に突き立てたものだ。医者は、ピンセットの先でつまんだその歯をわたしたちに見せた――白く、厚く、すべすべしたその歯の先に血がついている……」。その間も祖母は外で中へ入ろうと争っていた。「また、獣の吼えるような叫び声がした――怒りと、絶望にわななく叫び声が。『あれを聞け！』祖父が言った。『あれが恐ろしい気ちがいじゃないと言うのか？』『いいえ』母は言った。『あれは愛というものですわ』」。

（1）M. Pagnol, Le temps des secrets, Paris, Éditions de Fallois, 1988.（邦訳、マルセル・パニョル『秘めごとの季節』佐藤房吉訳、評論社、一九七五年）。

実のところ、浮気をされた配偶者は、浮気自体よりも、必ずそれにともなっている嘘（黙っていることによる嘘、積極的な嘘）の方が許せないと言うことが多い。カップルの間にたまっていた不満の多くがこのような浮気の形で解消されるのはよくあることである。しかしそれは必ずしもカップルの基礎に攻撃を加えるものではない。カップルが機能するためには、カップルの独自性が尊重される必要があるのだ。マルセル・パニョルの祖父母の場合のように。

他の例がある。夫は店の若い従業員を妊娠させてしまった。妻はもちろんその従業員が妊娠したことを知っていたが、子どもの父親が誰かは知らなかった。出産後、その従業員は赤ん坊を残して姿を消した。家族はその赤ん坊を引き取った。妻が、赤ん坊の父親が自分の夫だということを知らされたのはそのときだった。そのことは許せる。夫がなかなか打ち明けられなかった気持ちも理解できる。ところが、夫の嘘は妻よりももっと怖い母親に事実を隠すためのものだったことを妻が知ったとき、カップルは危機に陥った。

パートナーの一方がカップルに執着する場合もある。その場合、そのパートナーは奇妙で「非合理的な」行動をとる。その行動はカップルが作り出す自己形成的な境界を強化する働きをする。たとえば次のようなケースだ。夫はエンジニア。妻はエコノミストだったが十年前に結婚したとき仕事をやめた。六歳と八歳の子どもがいる。夫は同僚と浮気した。火遊びが終わったとき、夫はすべてを妻に語った。妻は異常に嫉妬深くなり夫を責め立て、たえず職場に電話し、車であとをつけたりした。最初のセラピーのとき、二人は内気で口が重かった。二人の出会いは一目ぼれだったという。結婚まで性体験のなかった二人は、自分たちは「お互いのためにとって置かれた」のだと感じた。夫がカップルに対して「そんな仕打ちをした」ことに対して妻は傷ついた。二回目のセラピーのとき、妻は夫を責め立てるのをやめた。三回目のセラピーで、ずっとうまくいくようになったと言った。ところが、今度は夫の方にめまいの症状が出るようになった。そのめまいに肉体的な原因があるかどうかは疑わしかったので、医者に診てもらったら、仕事のしすぎからくるものだろうと言われた。要するに、妻に影響を与えていたのは浮気自体ではなく、その成りゆきがあまりにもありきたりのものだったという事実である。彼女はそのことをカップルのアイデンティティに対する攻撃と受けとめた。このカップルは、自分たちは例外的だという神話の上に成り立っていたのだ。性的な無垢さによって、二人の出会いは運命的なものだと信じることができた。カップルが平凡化するのを防ぐために、妻の方は異常なほどの嫉妬を示し、カップルに非合理性を持ち込み、ふたたび例外的なカップルにしようとした。夫にはそのメッセージが伝わったようだ。というのは、彼は妻の意図を引き継いだからだ。妻の異常な行動がなくなると、今度は夫の方が不思議な症状を発達させ、それによってカップルはふたたび非合理な神話の中に閉じこもることになる……。

カップルを破壊しかねないこうした嘘や隠し事の他に、カップルを強化したり救ったりするためにつく嘘もある。フレデリックは四十二歳でその妻リーヌは四十歳。フレデリックは内科医、リーヌは看護婦として、ある老人施設で働いている。四人の子どもがいて、住んでいるのは非常に小さな町だった。リーヌは子どもを全員連れて別居したばかりだった。診療所兼住居である元の家から少し離れた場所にアパートを借りたのだ。そのためフレデリックはいま一人で暮らしている。リーヌは夫に、自分自身に向かい合ってほしいと思ったのだ。これは別れではなく、出発だった。「夫の目を覚まさせるために」と彼女はわたしに説明した。嘘はそこにあった。つまり、リーヌはフレデリックに、もう愛していないから家を出ると言ったのである。では、こんな重大な決定を下そうと思ったのにはどんな理由があったのだろう？　リーヌは、フレデリックが仕事のことしか考えず、家族や夫婦をかえりみなくなったと感じたのである。

　リーヌとフレデリックはセラピーに来ると盛大に口論した。セラピーは苦痛だった。二人は、自分が相手のためにしたことを数え上げ、それを相手はわかってくれなかったと言い合った。

　セラピーに来る前、リーヌはカップルを生き延びさせるために、そしてカップルへの関心をふたたびかき立てるために非合理的な行動をとっていた。彼女は三度嘘をついたが、少なくとも最初の二度はカップルにとっていい効果をもたらした。なぜなら、そのときフレデリックははっとしてカップルに関心を向け、仕事といくらか距離を置きはじめたからである。一度目はこっそり別の仕事を探したという嘘〔隠し事のこと〕であり、二度目は一人でこっそりセラピーを受けはじめたという嘘〔隠事のこと〕である。セラピーのことは、最初は夫に黙っていたが、あとで夫に知らせた。しばらくの間は、それがカップルの「燃料」として働いた。三度目、とうとう彼女はフレデリックにもう愛していないという嘘を告げて子連れで家を出たのである。この三つの嘘はカップルに苦しみを引き起こしたかもしれないが、結局のところ、困難な状況（彼女にとっては四人の子どもを抱えて社会と家族から切り離された状態、条件の悪い職場）の中でその嘘が何年にもわたってカップルのアイデンティティとしての何かを支えてきたのである。

それならなぜリーヌは実際にセラピーに来る必要を感じたのか？　セラピーに来た理由として最初に語った話は論理的ではなかった。彼女は当初、夫に援助が必要だと言ってやって来たのである。そのあと、カップル・セラピーを受ける話を持ち出した。フレデリックを一人にして自分自身と向かい合ってもらうために家を出たというのなら、どうして彼女までいっしょにセラピーを受ける必要があるのか？　なぜ目的に反する行動をとるのか？　わたしの仮説は、彼女が恐怖に襲われているというものだった。夫のため、カップルのためにと思ってやったことが、実はやりすぎだったのではないかと彼女は考えたのだ。カップルを元通りにするためにいろいろ手立てを考えたが、一つの方法を選んだら、それが怖くなってしまったというわけだ。言い換えれば、彼女の決定はこのグループが持つ内部の自己治癒システムに対応している。しかしあるとき、この方法が批判されたのだ。やはりカップル内部において。リーヌはこれでよかったのだろうかと思いはじめる。カップルを危険にさらしすぎているのではないか？　あわてた彼女は、結局、カップルの小世界の中で神話を活性化させていた彼女の創造性、つまり嘘を利用することができなくなってセラピーにやって来たのではないか。したがって、ここでのわたしの役目は、リーヌを変えることでもフレデリックを変えることでも、さらには二人のコミュニケーションを調整することでもなく、カップルを維持する義務がリーヌ一人にあるのではないことを提案して、カップル内部にもう一度自己治癒システムを導入することだった。

カップルの間に隠れた問題があるとき、嘘が何かを隠すのではなく何かを明らかにする役目を果たしていることもある。たとえば次のような例だ。夫と妻はともに会社の幹部社員。まだ若いが、二人の子どもがいる。最近、夫は妻が重大な嘘をついていることに気づいた。夫の知らないところで、妻は結婚以来ずっと何人もの相手と浮気をしていたのだ。夫は幼馴染である妻のことをよく知っていると思っていたのだが。「若いけど老夫婦みたいなんですよ」と夫は言う。苦悩の様子は、隠そうとしてもありありとわかった。妻は、夫の前では安全だという気持ちになれないと言う。夫が怖い。暴力を振るわれるのではないかという恐れではなく、夫に威圧され、夫に裁かれるのが恐ろしいのだ。彼を愛していて失いたくはないが、浮気の事実を認めてしまった。

セラピーの間に、夫は妻がまた嘘をついたのに気づく。ただ今度のはちょっとした嘘だ。彼女の持ち物の出所に関することだった。明らかに、愛人からのプレゼントだった。そのとき夫は突然態度を変え、矛盾するようだが、妻との関係がよい方に変化した。「カップルの責任を一人で負うのはやめにしたんです」と夫は言う。わたしはしだいに、これまで夫が「カップルの理想の守り手」だと自任してきたことを理解した。妻はそれを知っていたから苦しんでいたのだ。夫が彼女よりもカップルを、カップルのイメージの方を愛していると感じていたのだ。そこで彼女は行動と嘘〔隠し事のこと〕をもってこの危機を引き起こした。そしてこの危機のおかげで夫は窮屈なカップルの理想というくびきから離れ、二人の関係に根を下ろすことができたのである。

次は、嘘がカップルに一定の行動様式を促進させる例である。パートナーたちはそれほど若くもないが、できたてのカップルの話である。妻は、夫に信用されるためには必ず自分が嘘をつかなくてはならないと文句を言う。どんなことでもいい、彼女が何かを希望すると、相手は必ずそれに反対する。逆に、彼女が自分の願いと反対のことを言うと、本当の願いがかなう可能性が高い。こんな状況はいやになる。将来が危うい気がする。しかし、妻が非難しているこうした行動は、実際にはカップルにとって重要な機能を果たす一連の行動様式の一部になっているように見える。つまりこうした行動は、神話と同じくカップルの特殊性を構成する儀式の一つなのである。このカップルにはもう一つの儀式の例がある。夫はかなり無口なのだが、いつも妻から「なんとか言ったら」と迫られる。すると夫は「なんとか」と答えるのだ。

知らせないでおくという形式の嘘は、カップルが困難にある時期によく見られる。たとえば、パートナーの一方がすでにカップルを終わりにしようと決めてしまったときなどに。それでも、何も知らされていないもう一方のパートナーが疑いを持つことがある。その場合、浮気を疑うことが多い。否定されても否定されても疑いはあふれてくる。そして、疑いを持ったパートナーは不安を感じ、その結果さらにすべてを疑いの目で見ることになる。この状況が長引けば、さまざまな症状を引き起こしかねない。抑鬱感、自己卑下、不安、「病的な」嫉妬、知覚の混乱（幻覚に似た視覚印象）。

相手から受けるこのような否定が、本物の嘘よりも病気を引き起こす原因となる理由は明らかだ。認知のメカニズム、すなわち目にしたものを理解するメカニズムそのものに直接的な影響を与えるからだ。今日では、感覚器官の働きを、外界の情報を受け入れて脳に伝えるだけの単純なものとしてみなすことはない。むしろ、認知は感覚器官から脳に至るまでのあらゆるレベルを巻き込んだ、序列のない連続的で複雑なメカニズムであると考えられている。だが、認知は他と切り離された行為ではありえない。つまり、わたしがいま知覚しているものを知覚するには、少なくとももう一人他の人間もこれを知覚する必要があるのだ[2]。裸の王様の話と同じである。誰も王様が裸なのを見ようとはしない。もちろん、みんな王様の裸が見えてはいたが、誰も他の人が見ているものしか見なかった。とうとう、単純な子どもが、この共通の法に背いてこう叫ぶ。「王様は裸だ！」そうなったとき初めて、全員が王様は本当に裸だということを見るのである。このような現象は主に、他者との間で非常に強い結びつきがある状況のときに起きる。

（２）「相対性の原則によって、ある仮説が二つの例で同時に有効でない場合には、たとえその仮説が一つひとつの例では有効であっても、その仮説は退けられる。たとえば、金星と地球の住人はそれぞれ自分たちが世界の中心であると断言できるとしても、その二つが同時に成り立つことはない」。（H. Von Foerster, "On constructing a reality", *in Observing Systems*, Intersystems Publications, 1981）.

まさに、「現実」が知覚されるには相手の視線がどうしても必要になるカップルの場合がそうである。関係性のいちばん強い人がいつも最後に「現実」を知ることになるのは、このような理由からである。それは、その人が何も気づかないのではなく、相手の否定に出会って、自分を信じることができないからである。このような状況では障害や不調が定着し、周りの人間やときには子どもに対しても影響を及ぼすことがある。

そんなふうにして、あるカップルが相談に来た。自分たちのためではなく、子どもたちに重大な問題が生じ、とくに一人は精神障害の診断を受けたからだった。別のケースでは、夫は周囲の人間に、精神的・肉体的健康上の理由で毎週末には完全に一人になって木陰で詩を作らなくてはならないと信じ込ませようとした……。また別のケースでは、夫は、銀行の重役として重い責任があるから週に二晩は泊り込んで職場でコンピューターを監視しなくてはならないと言い、妻の同情をかっていた。もちろん、そんな大事な責任ある仕事の最中に電話を受けたりできるはずはないので、その二晩は妻が職場に電話することはない……。さらに、ある妻は、医者である夫に、あなたは子どもを虐待しているのだと言ってそれを信じさせてしまった。哀れな夫は罪悪感を覚えるあまり、妻が何年も前から職業上の研修のために週の大半を留守にしていることに文句も言えずにいる……。

わたしはいま騙すことについて話したが、賭け事、薬物、アルコールへの依存症も逆作用のある解決策になることがある。たとえば、ある非常に結びつきの強いカップルがあった。妻は夫がアルコール依存症だと思っている。実際彼女は、キッチンと居間の間のすりガラス越しに、夫が瓶を口に運ぶのを何度も見ていた。それでも夫はむきになって否定する。夫は、妻が幻覚を見ているのだと言い、自分に対して悪意があるのだろうと非難する。そのため妻は自分の知覚を疑いはじめる。彼女が確信を持てるのは夫がアルコール依存症だということだけで、他のすべてのこと、とくに自分の仕事のことについても疑いを持つようになる。妻のこの態度は、夫の問題を悪化させることになる。というのは、妻はもう夫が飲んでいるのを見なくなったので、夫自身も自分が飲んでいるのを見なくなった。その結果、ますますアルコールに溺れてしまった。このようなケースでは、第三者が、王様は裸だと言った子どもの役割を果たさなくてはならない。その役は、親切な友人でもいいしカップル・セラピストでもいい。この役を務める人は、事実（ここでは夫のアルコール依存症）を見るのと同時に、カップルの両方が見ていいものだけを見て、知っていいことだけを知るために盲目になっていることも察知しなくてはならない。たとえば、別のある若い妻の場合は、ある日夫に殴られたとき、その叫び声を聞いて寝室に入ってきた彼らの友人の存在によって、自分が虐待されていたことに初めて気づいたのだ。その女性は、殴られている自分をその第三者の視線で見たのである。カップルの閉ざされた世界の中では、彼女は自分の姿を見させてくれる手がかりを得られなかった。とくに周りの人たちが「遠慮して」、虐待のはっきりした痕について何も言わなかったために、よけいに手がかりを失っていたのである。

♥住む、いっしょに住む……

共同生活で起きる危険を避けるために、いっしょに暮らそうとしないカップルもある。その場合、二人はそれぞれの住居を持つ。カップルは広い意味で一定の接触を必要とするため、この方法を考え出したカップルはすぐに自分たちを矛盾した興味深い状況に置いてしまったことに気づく……。つまり、この試みは、こうしたカップルが突き当たる問題の性質について問い直す機会を与えてくれるのだ。これは同居に関連して起きる問題なのか、それとも内部の問題なのか？　同居しないカップルを想像できるのだろうか？　たとえば、ある日セラピーにやって来たカップルは、夫の方がビジネスの世界でちょっと独創性を発揮しすぎたために法に触れ、長い刑期を務めていた間にできたカップルだった。妻は刑務所訪問の仕事をしていた。そして、二人は刑務所で結婚したのだった。こうした条件から、二人はめったに親密な時間を持つことはできなかったが、その時間が作れた稀な機会には非常に密度の濃い接触となった。夫が刑務所を出て二人が同居の現実に直面したときに悲劇が起きた。二人はそれまで同居の厳しさを経験しなくても済んでいたのだから……。

同居にともなう問題のせいでさまざまな実験が行なわれている。たとえば、スカンディナビア諸国などに多いのが週末婚で、パートナーは互いに楽しい活動を共にするときにしか顔を合わせない。だが、この形式はもはやカップルとは言えなくなったカップルに好まれることが多い。

ときに、住居の問題がカップルに以前から存在していた別の問題を覆い隠していることがある。あるカップルは、親密さが足りないのを独立した夫婦の寝室がないせいにしていた。ところが、もっと大きな住居に越したことで、別の問題が表面化した。そのカップルの性生活の貧困さは、家の構造よりも、お互いに欲望がないことに原因があったのだ。このようにしてカップルは、家とは容れ物であって、四つの壁を意味するにすぎず、家族とは別のものだということを思い知るのである。わたしが主宰している「家族と夫婦セラピー・センター」の統計によれば、これはよくあることらしい。というのは、相談に来たカップルの約半数が、その前年に夫婦仲の改善を目的に引越しをしていたからである。

逆に、カップルの状態がよくても、引越しによって問題が生じる場合もある。建築費用が高くなっているせいで、仕上げ（ペンキ塗り、内装工事）を自分たちでやろうと考えるカップルが増えている。実際には、その作業は夫の肩にかかってくる。その結果、夫が週末に一人で作業ができるように、妻は一人で子どもの面倒を見なくてはならない。そのうえ、一週間仕事をしたあとでその作業をすれば、夫の疲れは倍加し、性生活にも悪影響が出る。お互いに不満がたまり、相手の立場を思いやれなくなる。

最後に、往々にしてカップルは、他の町への移動にともなう影響を過小評価することがある。このときカップルは困難な問題に直面することになる。それは、家族や友人から遠ざかることによって生じる問題である。

三　解決策の逆作用——解決策が問題を起こすとき

親密さ／規範関係をコントロールする、というより常にその関係を一定に保とうとする生態学的プロセスが破綻することがある。すると、大きな不均衡状態をコントロールしようとして逆作用のある解決策が出現する。その解決策はみな同じような形をしている。口喧嘩や堂々巡りの行動の間に、抑鬱、自殺未遂、暴力、アルコール依存症の発作が混じり、それがまた同じ行動の原因になるという悪循環のパターンである。神経症的な症状、セックスの問題、妄想（とりわけ嫉妬妄想）、薬物中毒、性的逸脱などが起きることもある。

このような出来事が繰り返されると、時の歩みは止まり、夫婦喧嘩は果てしなく続く。どちらかがこれを止めようとして行動を起こすと、それもまた主導権を握ろうとする動きと取られてさらに敵意をかき立てる結果となる。自殺未遂や、パートナーさらには子どもへの暴力といった重大な行為があると、ふたたび悪循環が始まる。

この悪循環は長い間続くこともある。これこれの問題にはこんな行動がとられるというふうには決まっていない。たとえば、カップルの一人が繰り返し抑鬱状態になるのは、必ずしも特定の変化からくるものだとは決められない。同じく、次項で取り上げる「コミュニケーションの問題」も、背後にカップルのアイデンティティの危機が隠されていることもあれば、周囲との問題が隠されていることもある。これは「等目的性の法則」と言われるもので、逆作用のある解決策の数は限られているのに（一ダースほど）、その原因となる問題の数は無数にあるからである。言い換えれば、あるカップルのとった病的な解決策は、それ一つだけでは、その原因となる問題を特定することはできないのである。

♥コミュニケーションの問題

あるカップルがセラピーを受けようとするとき、重大な問題があるために来たと言う人はめったにいない。一般に、「コミュニケーションの問題」があると言う人たちが多い。「もう相手のことが理解できません。なんでもないことで口論してしまいます。もうセックスもないし、家では喧嘩ばかり、等々」。コミュニケーションの問題は、カップルに変化が起きそうな状況で出現することが多く、この問題の存在理由はカップルの機能を麻痺させることにある。それは、重大な問題に真剣に向かい合うことを避けて、変化を起こさせないようにするための解決策なのである。

逆説的なコミュニケーションに熟達するカップルもいる。ダニエル・サルナヴは『夫婦の会話』の中で、危機にあるカップルによくある会話の例を挙げている。

妻　そんなこと言っちゃいけなかったのよ、ぜったいに！
（夫は答えない）
妻　聞いてるの？
夫　聞いてるよ。
妻　それなら、どう思うのよ？

夫　君と同じだよ。
妻　あら、そう？
夫　そうだ。
妻　あんなこと言っちゃいけなかったって思うのね？
夫　君がそう思うんならね。君がそう思うんなら。君と同じだよ。
妻　もう！　その言い方！
夫　この話はやめよう。
妻　他に話があるんならね。
夫　話がなけりゃ、黙っててもいい。
妻　そんなの無理よ。黙ってなんかいられないわ。あなた、自分のやったのがどんなことかわかってるの？
夫　ぼくがやったこと？　それとも言ったこと？
妻　あんなことを言ってあなたがやったこと。
夫　なになに。あんなことをやってぼくが言ったこと、いや、反対だな、あんなことを言ってぼくがやったことか。

妻　やめてよ、いいわね。（重要…駆け引きの中に遊びがある）
夫　それで、ぼくは何をやったの？
妻　やめて。（間）無駄ね。説明できないわ。説明しようなんて思ったのが間違いだった。自分でわからなくちゃいけない問題なのよ。一人になってみれば、どれだけのことができるかわかるでしょうよ。
夫　いま君の言ってること、そいつは人を傷つけないと思ってるのか？
妻　傷つけるって？　ただ説明しようとしてるだけでしょう。
夫　ぼくが心も知性もない人間だってことを説明しようとしてるんだろう。理性も本能もない人間だってね。わざとじゃなく悪いことをするって。子どもみたいに、動物みたいに。
妻　あなたがわざとやったんじゃないとは言ってないわよ。
夫　その方がいい。わざと何をやったって？
妻　あなたがわたしに言ったことよ。
夫　いま？
妻　違うわよ。さっき。わかってるくせに。
夫　あーあ、くらくらしてきた。疲れるよ！

妻　わたしは疲れてないとでも？

（…）

夫　ごめんよ。

妻　（嬉しそうに）あやまってくれるの？　さっき言ったことを取り消すの？

夫　いや。

妻　違うの？

夫　違うよ。だって、何のことかわからないから。とにかくあやまったんだ。

妻　とにかく、ですって！　そんなのもっとひどいわよ。わたしのことなんてどうでもいいってことじゃない。

夫　もういい、もういい[3]！

（3）D.Sallenave, *Conversations conjugales*, Paris, POL, 1987, p65.

この「コミュニケーションの問題」と称されるものは、実はカップルが無意識に選んでいる解決策なのだ。逆作用はあるが、これはカップル内の関係に生じるあらゆる変化、再定義を阻止する役目を果たしている。もっとも、危機にある二人が見せるコミュニケーションの巧妙さを考えれば、

「コミュニケーションの問題」という言い方自体はまったく不適切なように思えるが。

おかしなことに、この「コミュニケーションの問題」は長い間カップルの困難の原因であるとみなされていた。しかし実際は、この「コミュニケーションの問題」とは、パートナーの片方の変化によってカップルの存続が危うくなるといった重大な問題に直面したとき、それをごまかすための一種の「ボロ隠し」なのである。そうである以上、一九七〇年代のセラピストたちによって熱心に行なわれていたコミュニケーション問題の治療が、結局は効果がなかった理由も理解できる。

♥鬱と自殺未遂

セラピーに来るカップルが鬱状態に陥ったり自殺未遂を起こしているのは珍しいことではない。このケースでの困難の原因は、たとえば鬱ならば、鬱そのものがカップルの生命を維持させていることがあるという、矛盾した事実からくる。

T夫人は夫といっしょに相談に来た。鬱状態にあって、一度自殺未遂を起こしてしばらく入院していた。現在も抗鬱剤を服用し、個人セラピーを受けている。わたしは鬱の原因がすぐにわかった。夫には愛人があり、家を出ようとしていたのだ。セラピーに来た夫の目的ははっきりしていた。「妻の具合がよくなるようにして下さい。そうすれば別れられる！」　そんな状況では治療がうまくいくはずがない。T氏が（妻と別れるために）妻の治癒を願えば願うほど、妻の方は鬱から抜け出せなくなる。結局このカップルの破綻は悪循環の中に解決策を見出すことになり、現に二人ともその中にいまも閉じ込められている。

♥嫉妬妄想、二人の妄想

嫉妬妄想は、配偶者の行動が非合理的に見えたとき、あるいは、カップルの親密さを傷つけるような行動に出た際の言いわけが疑わしく見える場合などに起きる。この妄想のきっかけになる行動には、理由なく家を空けること、セックスの拒否などがある。

P夫人は、夫を文字通り引きずってセラピーにやって来た。彼女は夫の馬鹿げた根拠のない嫉妬のせいで人生が耐えがたくなっている。夫は妻が近くに住んでいる若い従兄弟と浮気していると思い込んでおり、別れろと妻に要求するのだ。妻は、別れると言えば夫の疑いを肯定することになるから、それを拒否する。すると妻が別れるのを拒否したことになってしまい、P氏は浮気を確信する。おまけに近親姦で、そのうえ相手は未成年だ。これがP氏の嫉妬妄想である。ところで、このカップルは非調和的構造を持っている。つまり、妻の方は夫より二十歳ほど若いのである。このカップルができるきっかけは、彼女がP氏の家庭でベビーシッターをしたことであった。このカップルにとっては、疑いと否認のやりとりが、それほど活発ではない親密さの代わりを務めているのかもしれない……。

♥アルコール依存症

エミリーは五十五歳、その夫セラファンは六十一歳。二人は、三十年前から続くセラファンの飲酒のことで相談にやって来た。エミリーはもう夫が酒を飲むのに我慢できない。酒を飲むとセラファンはひどい匂いをさせ、その匂いをかぐと、エミリーは別れたくなる。セラファンは、セラピーのときに、もう二週間酒をやめていると言った。エミリーには夫が酒をやめられるとは信じられず、別居を望んでいる。彼女はロマンチックな関係を望んでいるのだと言う。「おっさん」を相手にするのではなく、本物の「男性」を望んでいるのだ。

二人が住んでいる町では、エミリーの母方の一族がレストランや食品店を多数経営している。エミリーとその姉妹たちは祖母の商売を手伝ってきたが、結婚相手はみな妻である彼女たちに養われている。エミリーは菓子屋を経営している。セラファンはちょっと前に引退するまで、妻といっしょに働いていた。夫の引退以来、エミリーは一人で菓子屋を経営し、多数の女性団体で活動し、コーラス・グループにも加わっている。

アルコール依存症という解決策には、古典的な悪循環がある。エミリーはセラファンに言う、「自分を強く見せるために飲むのは、弱いからなのよ。だから、飲むのをやめれば強くなれるわ」。この勧めに従えば、彼の弱さが証明されたことになる。だから、彼女の望む強い男になろうとして、彼は飲み続ける。

また別の事例では、夫が飲むのは、妻が女友達に二人の間のことを何から何まで明かしてしまうのに我慢できないからだ。「そんなんじゃ、夫婦の秘密などないみたいじゃないか」と夫は言う。現に、妻の方は、いちばん大きな心配事、つまり夫の飲酒について友達と話し合っていることを夫に隠したりはしない。

♥薬物中毒

薬物の中に二人の親密さ、二人の世界を見出している若いカップルには何度も出会ってきた。彼らは、自分たちの行動をやめさせるために侵入しようとする家族から自分たちの世界を守ろうとしているのだ。

また、ある妻は性欲を起こすためにコカインを用いた。ところが、これに夫が気づくと、この事実が二人のいさかいの原因となり、その結果妻は性的接触を拒否することになる。

すべて見事な悪循環ができあがっている。

♥性のトラブルと心因性機能障害

カップル・セラピーを受ける原因となる訴えには、パートナーの身体に関係するものが多い。冷感症、不能、女性の頭痛は言うまでもなく、男性の腰痛も同じくらいある。「あなたに頭痛にさせられないようにがんばったおかげで頭が痛くなったわ！」と叫ぶのは、作家ロナルド・レインの『結ぼれ』(4)に登場するジルである。これに夫のジャックはこう答える。「君のせいで腹が痛くなったよ……君に腹を痛くさせられないようにと思って腹の筋肉を緊張させるから、腹が痛くなるんだ」。

(4)　R. D. Laing, *Nœuds*, Paris, Stock, 1971.（邦訳、R・D・レイン『結ぼれ』村上光彦訳、みすず書房、一九七三年、一九九七年）。

わたしが会ったあるカップルは、代わるがわるさまざまな身体症状を示した。原因のわからない発熱、筋肉痛、めまい……こうした不調は、子どもが欲しくてもできないという不満の代わりを務めているように見える。そのカップルは、家に泊めているグル（導師）まで仲間に入れ、グルはその症状のベビーシッター役を務めていた。

カップルに摩擦があるときに起こるある種の身体症状は、カップルの抱える問題が原因とされることが多い。心筋梗塞、さらには癌のような病気に至るまで、うんざりするような非難の繰り返しが続いたことが、これらの病気の原因とされている。そのために問題の根本を話し合うことさえ不可能になる。

♥性的逸脱

セックスの陳腐化を避けようとして、あるいはカップルやその関係の単調さ、日常性を逃れるために性的逸脱の道を選ぶカップルもある。ここで使われる性的逸脱という言葉には道徳的な意味合いはない。繰り返し同じシナリオを演じるという特徴を持つ性行動を指しているだけのことである。こうした行動はカップルを共謀意識で結びつけることがある。

性的逸脱の中でも最も一般的なのは、サドマゾ行為、スワッピング、視姦行為、グループセックスなどだが、さらには法に触れる行為もある。たとえば未成年を関与させる性行為などで、ときには、その未成年者がカップルの子どもである可能性もある。この行為は、カップルを維持させたいとする母親の暗黙の了解を得て父親が行なう、娘に対する性的虐待に類似している。

たとえ合法の行為でも、こうした性的逸脱が重大な結果を招かないようなことは稀である。

♥暴力

情動的なカップルにおいては、相手をカップルの懐に引き戻そうとして、言葉の挑発や、ときには肉体的な挑発が頻繁に行なわれる。ここでは、直接相手に向けられる暴力の他、傷ついたと感じた側のパートナーが相手を傷つけようとして自分に向ける暴力もある。自分に向ける暴力とは、たとえば自殺未遂、自傷行為など……。

「神話の崩壊」が重大で、カップルの結びつきが強いほど、反応はより暴力的になる。次の例は極端なものだ。このカップルは外国で知り合った。男性の方はフランスに戻ったが、政治的な問題で女性がいっしょに戻ることはできなかった。この束の間の激しい出会いのあと、二人は七年間毎日のように手紙を書き合った。そしてとうとう彼女はフランスに来ることができた。この情熱的な手紙のやりとりは、もちろん結婚で終わりになり、日常の暮らしが始まった。たしかに彼女はいくらか悲しそうに見え、口数も少なかったが、まさか深い落胆を味わっているのだとは、彼には思いも及ばなかった。彼女はこのカップルをあまりに理想化していたので、日常と出会ったときの彼女のショックは非常に大きかったのである。彼女にとってとくに理解できないのは、仕事上の理由や家族の用事などで、彼が彼女を一人置いて出かけてしまうことだった。抑えられた情熱の爆発は激烈なものだった。彼女は、二人の愛の証である娘をわが手で殺してしまったのだ。刑罰と精神科医の治療が続いた。だが、妻のメッセージをよく理解した夫は、妻との暮らしを再開して精神科医たちを驚かせた。現在そのカップルは正常な暮らしを続け、また子どもを作りたいと考えている。

パートナーを排除するための暴力もある。このようなケースは幸いなことにめったにないが、さまざまな理由で離婚ができない状況で起きる。ある多国籍企業の幹部社員は、離婚によって自分の経歴が損なわれるのを恐れ、邪魔になった妻をいろいろな手を使って精神病院に入院させようと、裁判所の命令を取りつけようとした。

♥「指名された子ども」

前に、子どもの教育に関する問題で試練にぶつかったカップルの話を書いたが、反対に、カップルの問題に巻き込まれる子どもたちもいる。よくある状況は、「指名された子ども」というものである。子どもは本物のいけにえとしてすべての「欠陥」を背負わされる。悪い子だ、邪悪だ、泥棒だ、など。

このような暴力に出合うと、茫然として言葉も出ない。他の意見は一致しないのに、この点だけは両親が共通して言い立てる子どもの描写と、わたしが見て理解する子どもの実際との間には明らかな落差がある。ときには戯画的でさえある。ある女の子は両親から泥棒だと激しくとがめられていたが、その子の最も重い罪というのは、両親の許可を得ずに冷蔵庫のヨーグルトを取ったというものだった。ある五歳の男の子は、両親の言葉を信じるとすれば、猟銃を取って父親を殺そうとしたという……。またさらに、家出癖があるとがめられた男の子は、重い病気にかかっている祖父に会いたいと思っただけなのである。

子どもの側から両親を告発しても問題は解決されない。せいぜい両親は、セラピストが子どもと結託したと結論づけることで、子どもは人の心をあやつる邪悪な悪賢い存在で、セラピストは何でも信じるお人よし、という確信を強めるだけなのだ。実のところ、状況は複雑だ。その子どもは、ある回路に組み込まれた形で、カップルの生態学にとって重要な位置を占めているのがわかる。一般に、その回路は次のようになっている。

――カップルの状態が悪くなる
――夫がカップルから遠ざかる
――妻が心配する
――妻は、子どもと父親との絆が自分と夫との絆よりも強いと感じ、子どもの行動に文句を言いはじめる
――文句を言ったら、夫が近づいて支えてくれたという経験をする

そうなると悪循環が定着する。夫が遠ざかると、とたんに妻による子どもへの文句が激しさを増して再開される。子どもの「欠陥」はカップル存続の重要な要素となる。

子どもに生じたトラブルの中には、カップルが抱えた問題との関係がそれほどはっきりと見えないものもある。それでも、子どもの問題がカップルの問題の解決策となっているのである。たとえば、ある家族で子どもにトランスセクシュアル傾向が出現することがある。器質的には何の問題もない少年なのだが、非常に幼いうちに女性のアイデンティティを主張し、自然が間違いを犯したのだから手術してほしいとまで言ったりする。そういう子どもたちの両親は、かなり因習的な結婚をしており、子どもが生まれたあとは、性的、関係的な意味でカップルであるのをやめたような人たちが多い。出産を機会に、夫とその母親というカップルが作られる。妻は子どもだけを相手にすることになり、子どもは母親と双生児化する。夫は妻と子どもの親しさを口実に母親とのカップル関係を続ける……。

四　カップルの死

♥二人が導く「カップルの死」

パリ地域では離婚率が四〇パーセントに達している。結婚していないカップルの別離の数もそれに劣らないことは容易に想像がつく。本書の序文でこの話に触れたとき、それはカップルという制度が見捨てられたことを意味するものではないと述べた。むしろ反対で、カップルは昔よりも求められ、より大きな期待がかけられ、その結果もたらされる失望も多くなっているのだ。それでは、離婚や別離はそのまま「カップルの死」を意味するのだろうか？　そうではない。別居や離婚という手段は、一部のカップルにとって二人の関係を続ける手段となっていることもある。たしかに二人を結ぶのは憎悪だが、情動的な関係であるのに変わりはなく、ときには子どももその関係を続けるのに利用される。同じく、パートナーの片方が追い出されたあと、すぐに新たなパートナーに取って代わられ、このやり方でカップルという制度が保たれているという印象を受けたりもする。それなら、どうなったときを指してカップルの死と言えばいいのだろうか？　それは、カップルの「心臓」の鼓動が止まったときである。カップルの心臓とは、つまり、神話と儀式の間で行なわれるダンスによって差異が守られる小さな細胞としてのカップルの生命活動全体のことである。要するに、カップルは差異と、親密さと、カップルを現実世界につなぎとめる外部との一定の関係を失ったとき、死に至る。

カップルの死は、カップルの神話と外部規範との「破滅的な」関係によって引き起こされる。さまざまな表れ方がある。たとえば、カップルのメンバーが外部の絆（仕事上の、愛情の、政治的な、等々）に捕われてしまい、二人ともカップルのことを忘れたり軽視したりする場合、カップルは関心の欠乏からひとりでに死に至る。

反対に、メンバーの双方がカップルに関心を向けすぎて死ぬ場合もある。カップルは世界に対して閉ざされた砦となり、パラノイアの支配するカルト的グループとなる。この二人の狂気は悲劇的な結末に至ることが多い。アルベール・コーアンは、相手を理解できるのは自分だけだという神話を持つカップルを描いて、その見事な見本を示している。誰にも理解できるはずがないから、二人は誰とも話さないのだ。親密さだけを強調して外部とのすべての関係を拒否するこのカップルは、構造的に自殺の芽を内包し、ある年齢になって孤高を守ることができなくなったとき、それは避けられないものとなる。「彼にグラスを一つ、彼女にグラスを一つ、二人は解放のための毒を飲む［…］。彼女は、あの世に行って二人は再会できるだろうかと彼に尋ねる。そして自分でうなずい

カップルの死：神話的な飛翔……

て微笑む。そうよ、また会えるわ［…］そしてずっといっしょにいるの。あの世には愛だけが、本当の愛だけがある［…］」。

だが、二人で死ぬのは文学の世界だけの話ではない。実際、年老いたカップルに比較的多く、また、外部世界からの圧力を迫害と感じる（感じるだけでなく実際に迫害されていることもあるのだが）非常に若いカップルにも多い。そんな場合は、たとえば、高い橋から飛び降りるなどの派手な自殺となることもよくある。

また、相談に来たあるカップルのようなケースもある。そのカップルが抱えていた問題は、神話の部分が大きすぎて、個人的な人生を送る余地が残されていないことにあった。結局、このカップルは二人にとってすばらしすぎたのだ。このカップルが作った「二人の物語」は、たしかにありきたりのものではなかった。彼は、デモクラシーがまだ根づいていないある国のフランス大使館に勤務していた。社会的、政治的変動の結果、この国で生まれた若く美しい彼の恋人は投獄されそうになった。彼は外交官の身分を利用して彼女を救い出し、彼女を連れてフランスに戻り落ち着いた。その日以来、二人の暮らしは地獄となった。彼女は、国の家族と引き離されて孤独を感じ、何もできず自分が役に立たないと感じ、さらに、フランス文化に近づこうとしているのに彼が邪魔をしていると感じた。彼自身も、この若い女性の身柄をすべて引き受けなければならないという責任に当惑していた。というのも、政変が起きる前には、一生いっしょに暮らしていこうとまでは考えていなかったからだ。彼はうんざりし、この重荷がなければと思った。彼女自身も、非常に美しく頭もよかったのだから、他の人々や他の環境に触れたいと願っていた。だが、二人とも、「二人の物語」の囚人となっていたのだ。心の底では二人とも別離を望んでいた。だが、どちらも自分が別離の責任を取りたくはなかった。事態は非常に悪くなった。お互いに暴力を振るい合った。ついに彼女はアパルトマンに火をつけた。こうしてこのカップルはわたしのもとへ相談に来ることになったのである。

奇妙な状況だった。というのは、二人はその物語のせいで神話的カップルとなり、親密さだけでカップルが成り立っていたからである。ところが、その実、二人ともありきたりの人生を熱望していたのだ。どのようにすればこのカップルを解体することができるだろう？　並外れた経験に基づいてできあがったカップルなだけに、ありきたりの別離を受け入れることはできないだろう。カップルを支えている神話と同じくらい並外れた手段を用いなければ切り離すことはできない。そして二人はそれをやり遂げた。まさにその物語に共感し、二人をともに養子として受け入れたいとする家族が現れ、そのお陰で二人はそれぞれの自立を手にしたのだ。現在は、二人は別れてそれぞれ幸せに暮らしている。彼女は裕福な相手と結婚し、彼の方は情熱を傾けられる仕事を再開した。

♥パートナーの一方が導く「カップルの死」

一人は変わるが、もう一人は変わらない。カップルの中に起きたこの分裂が死をもたらす。メンバーの一人がカップルを中身のない抜け殻だとみなして否定し、もう片方は反対にカップルの親密さにこだわり、必死に生きながらえさせようとする。そのうち、親密さと否定との関係が元に戻せない亀裂をもたらし、カップルは死ぬ。これがカップルの死の原因としてはいちばん多い。パートナーの一人が自分のカップルへの関与のバランスシートを作り、カップルは自分に喜びよりも不快をもたらしていると評価することから、破滅のシナリオは始まる。カップルというのは単なる関係ではない。カップルとは一つの制度でもあり、時間（そばにいること）と欲求不満（疲れる軽業師のようなことでもしなければ、同時に他の関係を結ぶ〔浮気をする〕のが難しい）という対価が要求される。ときには、住居の選択、バカンスの行き先、ライフスタイルなどで依存あるいは共同行動が要求されるために、二人の経済的負担が大きくなりすぎることもある。しかし、カップルが社会的、性的、経済的、感情的なさまざまなものをもたらしてくれる限り、二人はこうした拘束に耐えることもできる。

この、バランスシートという考え方は重要だ。この考えによれば、カップルとは「別れるだけの

カップルの死：一人は変わり、一人は変わらない

充分な理由がない二人の人間」と定義できる。ときに、このバランスは悪い方に傾くこともある。よくあるのは、別のパートナーの出現によって、それまでのパートナーに対する不満に気づかされるときだ。とはいえ、その不満はぜんぜん現実に対応していない可能性もある。たとえばその不満は、新たなパートナーとの関係を正当化したり神話化するための「不満への欲求」だったりするのだ。そのときの「不満」は、「運命の印」〔第一章〕と同じ価値を持つ。不満の理由は、前の関係を壊したいという意志でしかない。

　だが、実際上であれ想像上であれ、いずれにせよ耐えがたい不満のせいで、カップル・セラピーを受けはじめることがある。その場合、不満を抱いていないパートナーの方の行動が、カップルを危機に陥れているという印象を与える。たいていは、セラピーを受ける理由として挙げられるのは相変わらず「コミュニケーションの問題」である。「もう理解し合えないんです」「まるで相手が知らない人になったみたいです」「もう接触がないし、話もしません」「相手にとってわたしはもう存在していないかのようです」「間に壁があるようで、たえず喧嘩します」等々。たしかに、このような最初の訴えは、カップルそのものの存在や有効性、あるいは制度としてのカップルの存続を傷つける苦しみを網羅している。しかもカップルの一方がその事実をよりいっそう意識していることが多い。それは、「カップルの守り手」の役割を担っているパートナーの方である。そしてその守り手の方がカップル・セラピーを望むことが多い。つまり、カップル・セラピーを望んでいるのは現在のカップルを壊したいと思っている方のパートナーだということになる。なぜこのような倒錯が起きるのだろう？

♥カップルという制度の解体法

ここで問題となっているのは、離婚よりもカップルを壊すことである。皮肉に見えるかもしれないがそうではない。というのは、離婚はカップルを壊さないからだ。離婚とは安心を得るための社会的手段で、その目的は、すでに別れているカップルが新しい試みに取りかかれるようにすることである。離婚がカップルの問題を解決すると考えるのは間違いだ。離婚に揉め事がともなうのは、離婚がカップルを永続させ、子どもの親権という類の乗り越えがたい問題を生み出す恐れがあるからだ。実際、ある種のカップルにとって、離婚は判事や弁護士や専門家といった他の人間を引きずり込み、揉め事を引き伸ばす手段となっている。離婚が成立しても、揉め事は子どもを間に置いて何年も続くことがあり、子どもがその付けを払うことになる。皮肉なことに、憎しみは愛よりも接着力が強いかのようだ……。長引く揉め事の間に子どもが両親に引きずりまわされていると、子どもたちは精神的な損害を被る。イタリア人精神分析医のマラ・セルヴィーニ・パラッツオーリは、

カップルの死：規範の重み

こうしたカップルの紛争が青年期の精神病の原因になるとしている。(5) もちろん、離婚のすべてがこのようになるとは限らず、離婚のあとの方がずっと仲良くなるカップルもいる。まるで、「カップルでいる」という感覚が彼らの創造性を押しつぶしていたかのようだ。なかには、カップルでいっしょに暮らすことには成功しなかったが、その代わり離婚には成功したと誇らしげに語るカップルもいる。

(5) M.Selvini Palazzoli et coll., *Les Jeux psychotiques dans la famille*, Paris, ESF, 1990.

どうやってカップルを解体するか？

関係を断ち切ることと一つの制度を壊すことは別物である。なぜなら、「家＝カップル」という制度がパートナー一人ひとりのアイデンティティの支えになってしまった結果、相手との関係がよくなかったにもかかわらず、別れたあとで鬱状態に陥って驚くこともあるからだ。したがってカップルを解体するためには、関係を断ち切るだけではなく、カップルを結びつけていた神話や儀式といったカップルのアイデンティティの基礎を壊さなくてはならないのだ。

カップルを解体する効果的な手段は、カップルを平凡化して、特殊なところはどこにもないのだから存続の価値がないと信じることである。もう一つの手段は、反対に、そのような特殊性を前面に出して、いたずらにカップルを長引かせ、その特殊性を変化させてはならないと考えることである。ただし、どちらの手段を選ぶにせよ、それを実際に言葉にして言えば済むというものではない。つまりパートナーに向かって、「ねえ君、ぼくたちのカップルは平凡化しているみたいだけど、そのまま放っておこう」とか、「わたしたちのカップルは並外れているから、あとはどう考えても悪くなるばかりだし、自殺を考えはじめる前にここらでやめておいた方がいいと思うわ」などと言っただけで済むものではないということだ。せいぜい、ついでに相手も同じことを考えていたのがわかるくらいだ。

むしろ、パートナーに対して吐くその主張を神話や儀式の言葉を通して行うならば、聞き入れてもらえることになる。前に例を挙げた、ほうれん草の味について同じやりとりを繰り返していたカップルの儀式をもう一度考えてみよう〔四八頁参照〕。妻が「ほうれん草はお好き？」と儀式的に尋ねると、夫はいつも期待通りに「あれは健康にいい」と答えていた。ところがある日、期待されたはぐらかしの答えの代わりに、実際にほうれん草が好きだと（あるいは嫌いだと）夫が答えたことで、このカップルは二十年の儀式に終止符を打った。妻は即座に、自分たちのカップルが壊れたのだと悟った。したがって、カップルだけの儀式を平凡化してしまうことは、カップルを壊すための有効な手段となるのである。配偶者の好きな花や酒を恋人に贈って、それを配偶者に知らせるとか、配偶者と恋人を同じ愛称で呼ぶとか……これによって結果（カップルの解体）が手に入るのだ。

カップルの神話を攻撃することはカップルの解体にとって非常に有効な手段となる。ただし、それが決定的なものになることも、同時に覚悟しておかなければならない。たとえば、ここに偶然の出会いという神話で成り立っていたカップルがいる。二人は単なる顔見知りだったが、男性がある日一人で映画館に行くと、かなり大きな町なのに、その女性が同じ映画館の、同じ上映時間の、数列離れたところに座っていたのだ。この出会いは二人がカップルになる運命を示しているように思われた。ところが、数年後に別れたくなった彼女は、その出会いが偶然ではなかったことを暴露した。女性は男性のあとをつけ回していたのである。カップルの「始まりの神話」がこのように攻撃されるなどとは、男性にはなかなか信じることができなかった。このように、カップルにとって重要な偶然性の実態を暴くもの、あるいは神話をただの散文的な戦略問題にしてしまうもの、これらすべてがカップルの神話を解体するのに有効となる。

しかし、このやり方がいつもうまくいくとは限らない。相手がこの攻撃をうまくかわす可能性もある。つまり、カップル構造の非合理的な側面が危機に陥ったとき、同じように非合理的な新しい行動を導入することで、平凡化の攻撃を打ち消し、カップルを回復させるかもしれない。たとえば、妄想、家出、アルコール依存症、暴力など、当事者の精神的健康を危険にさらすものがその手段となる。このような行動には、たとえ狂気の世界に引き込む危険性がともなうとしても、カップルを保護し、カップルを平凡すぎる現実から逃れさせるという目的がある。

♥カップルの死後——その対応

さて、カップルが死ぬと、そのあとには喪の期間が続く。パートナーの愛情（「関係」）を失った悲しみと、強く結びついていた「帰属」グループを失った悲しみとが二重になっている。喪の期間がどれくらい続くかは、パートナーへの愛着の大きさと、アイデンティティの支えとしてのカップルにどの程度エネルギーが注ぎ込まれてきたかという度合いによって左右される。おそらくはアイデンティティの支えの喪失を受け入れることの方が難しいだろう。というのは、そこには単なる孤独感とは違う、拠り所を失った感覚があるからだ。実際、帰属先を失うことは、その人の存在やアイデンティティ、安全の感覚を損なうものであるから、それまで時間や労力を費やして維持してきたカップルをあきらめるのは非常に大きな困難をともなうことになる。

愛情を失った孤独感を解消するには、新しいパートナーを見つけるという手段があり、帰属を失った喪失感を解消するには、カップルに限らずさまざまな他のグループに愛情と労力を振り向けるという手段がある。他のグループとは、社交的団体だったり、職業上の団体だったり、さらには出身家族や現在の家族だったりする。

別離のあと、捨てられたと感じた人は、悲しみを感じ、もしも喪失感をうまく乗り越えられなかったならば、自己評価を低下させたり、鬱に陥ることもある。相手の関心を引き戻そうとする必死の試みが鬱の原因だとも考えられているが、帰属感の喪失が原因として挙げられることは少ない。しかし、愛する人との「関係」をあきらめるのが難しいならば、強く結びついたグループ（カップルを含め）への「帰属」をあきらめるのはもっと難しいだろう。カップルは、拠り所であり、アイデンティティを与えてくれるものである。だから他のグループに帰属していなかったり、他のグループが当てにならないものだったりすれば、いっそうカップルは重要なものとなってくる。カップルを失うことは、職業的な帰属や他の社会的帰属を失うことと同じような喪失感を生むのである。カッ

帰属を失って鬱になったときの治療はとくに難しい。そのうえ、失った帰属感を満たすために、患者が精神医学治療に「病人」としての帰属感を持つようになると、鬱状態が慢性化する恐れがある。失ってしまった帰属グループを悪く言ってあきらめさせようとしても、失ったグループを懐かしむ患者の気持ちが癒されることはない。うまくいっていたグループを離れるより、うまくいっていなかったグループを離れる方が難しいのだ。このようなときは、反対に、壊れたカップルがどれだけすばらしいものをその患者にもたらしたか、その肯定的、建設的な要素を示した方が、患者に未来に立ち向かおうとする気持を引き起こさせるし、それが必ずしも患者に新しいカップルへの帰

属を求めさせるといったことにもならない。これによって患者は立ち直って仕事を始めたり、それまでなおざりにしていた友人や家族といったグループへの結びつきを取り戻したりする。

たとえば、四十三歳のクロードは一人で相談にやって来た。彼女は四十歳のイブと結婚していて五歳と六歳の子どもがいる。二人は長い間、仲よくやってきた。クロードは教師だが、時間を作って、小さな銀行を経営している夫の仕事を手伝ってきた。銀行が事業を拡張すると、従業員が彼女のしていた仕事をやるようになった。こうして二人は子どもに関する将来設計や、家の建築計画などを立て、それらを一つ一つ実現してきた。その後イブはしだいに妻から遠ざかるようになった。彼は妻に愛情を抱いているとは言うが、それはもう男女の愛情ではない。彼は家を改築し、自分の「独立した」領域を作った。この事実上の別居以来、二人はほとんど話し合わなくなったし、話すとしても子どものことだけとなった。家族は週に一回いっしょに食事する。クロードは落ち込み、いろいろなことで自分を責め、精神分析治療を受けはじめた。イブは、いっしょにセラピーに行ってくれという彼女の頼みを断った。彼としては、別居で問題が解決したと思っているからだ。この状況でクロードは不安に陥り、罪悪感を覚えている。彼女は相変わらずイブを愛していると思っているし、彼の心をもう一度自分のものにしたいと思っているが、それが難しいどころか不可能であることもよくわかっていた。現在、彼女は疲れ果て、崩壊寸前である。

彼女を助けるにはどうしたらいいか？　カップルの関係の問題に彼女の注意を向けさせるのは、残酷なばかりか、それ自体役に立たないだろう。彼女はすでに、セックスへの関心が少なかったことや、愛情を軽んじていたこと、嫉妬、支配欲などで自分を責めていたのだから。そのようなことはこちらもみなわかっていたし、それを本人に伝えたところで何の助けにもならない。彼女がカップルのためにしてきた献身を評価してやる方が建設的なように思える。そうすれば、すばらしいカップルのために彼女が払ってきた努力、すなわち、立派に子どもを教育し、家を建築し、仕事でも協力し合ってきたことを本人も認めることができるかもしれない。だから、このカップルが平凡な離婚に至ることをクロードが拒否するのは当然なのだ。そして自分の努力を認めることで、彼女はカップルや他のグループの中で自分が本当にしたいことを考えるようになり、過去のカップルへの帰属のある部分がすでにいまの自分には不適当になっていることを発見するのである。

第Ⅲ部

セラピーを受けるカップル

何かがうまくいかなくて、カップルはセラピーを受けようと考える。だがセラピストにもいろいろある。カップルを前にして一人ひとりに個人セラピーをしてしまったり、自分の規範をカップルに押しつけたりするセラピストもいる。だが本来、カップル・セラピーとは、カップルの自己治癒の力、創造性をふたたび取り戻させることだ。カップルの狭くなった視野を広げ、自分たちの現実をどのように解釈するかを選べるように、見守るだけなのだ。

第5章　なぜカップル・セラピーをするのか

一　カップル・セラピー、それとも個人セラピー？

♥個人セラピー

神経症的な気質を背負った患者が自分に精神的な苦しみを押しつけることがある。この場合、患者に苦しみを強制するものは反復強迫〔本人の意志に反し、ある行為を余儀なくさせるような内的な衝迫が繰り返し起きること〕以外に何もない。たとえば、思春期に父親に見捨てられた患者は、父親がいつかは戻ってくれるかもしれないと期待したまま、「父親」のイメージにこだわり続けて、愛情面での失敗を繰り返す。父親がとうの昔に亡くなっていてもその期待はなくならない。また、とくに親としての能力に欠けた母親を持つ患者は、自分の肥満を治療しようと医者から医者をはしごするが、治療はもちろん失敗に終わる。この患者の場合、この繰り返しによって過去への忠誠を示しているのだ。つまり、自分の面倒を見ることは母親にもできなかったのだから他の誰がやってもできるはずはない、のである。こうした過去の結果である「個人的な」苦しみは、表れ方は恐怖症だったり、強迫神経症だったりとさまざまで、必要な援助の性質もさまざまだが、精神分析を用いれば、神経症的症状を成り立たせている反復強迫があることが明らかにされる。その場合、患者を安心させる鍵は患者自身の中にある。この治療で求められるのは、患者の人格形成の過程を追い、母親との別離を成し遂げられるよう、母親の欲求の影でしかないアイデンティティとは別の新しいアイデンティティの出現を患者に促すことである。

♥カップル・セラピーの有効性

だが「個人的」な苦しみ以外に、「システム的」と言われるタイプの苦痛がある。その対象はもはや個人ではなくカップルである。

ここでは個人的な苦痛とは違って、患者は決してその苦しみを完全には説明することができない。苦痛の鍵が分割されているからだ。それは、ある重要なことを意味している。苦しんでいる患者がその鍵の一部しか所有していないのだとすれば、カップルのもう一人のメンバーも同じ立場にある。

患者に、そうした問題の原因を自分の中に探せと要求するのが無駄で残酷でさえあるのと同様に、もう一人のメンバーの方を非難するのも同じように残酷なのだ。このようなケースでは、個別の治療は患者を優柔不断で反復的な状態に陥れることになる。つまりそのとき患者は、自分がその状況を作り出した当事者なのか、それとも犠牲者なのかと問い続けるだけになるのだ。カップル・セラピーが最善の手段となるように思われるのはこのときである。

一般に、カップルがセラピーにやって来るのは、自分たちがうんざりして疲れるような反復的なコミュニケーションの網に絡まって身動きできなくなったと感じたときである。その網に絡まってしまうとカップルは内部に閉じこもってしまうのだが、それが楽しいわけではない。アレクサンドル・ジャルダンは『左利きの島』(1)の中で、こうした罠の一つを実に正確に描き出している。

(1)　A. Jardin, *L'île des gauchers*, Paris, Gallimard, 1997.

「エミリーは挫折感を感じていたのだろうか？　しかし彼女のパートナー、ジェレミーはすぐさまその重大性に気づかないふりをした。彼は他人の苦しみが侵入してくるのを恐れたのだ。これを受け入れること、それはまるで自分の苦しみだけでは充分ではないとでも言うようではないか！こうしてエミリーは、愛したいと思っていたこの男と苦しみを分かち合うという希望に裏切られ、苦しみの中にひとり取り残された。最初の挫折感にこの傷が加わって、二人のカップルへの信仰が揺らいだ。エミリーはジェレミーがある感情を抱いていると「感じ取る」が、それをジェレミーに否定されると、逆にそう感じ取る自分が狂っているのではないかと感じるのは珍しいことではなかった。そうすると彼女は怒鳴りたくなる。ジェレミーに喧嘩をふっかけ、痛烈に批判する。しかし彼の方はその痛烈さを感じたふうもなく、彼女は彼女で、そのことに気づいてもいない。ジェレミーは不当に非難されたという気分から、彼女に対する皮肉はしだいに喧嘩腰になる。彼はエミリーの目に映る自分がいやになり、激しく抵抗して、自分が卑劣な人間として扱われるのを拒否する。そして彼は、いつも自分を卑下する性質で、彼女の愛情に満ちた視線だけが頼りだっただけに、彼の自尊心の傷は激しく痛む。見えない罠は出し抜けにその輪の口を閉じる。目に見えない仕組みがまた少し二人を引き離す。

この二人はそれでも日ごと愛し合いたいと狂ったように求めていたのだ。だが、沈黙の陰に隠れて二人の夢を捕らえようとするこうした罠から逃れることはできなかった……」。

♥セラピーを受ける動機と、問題の原因とは違う

カップルがセラピーを受ける動機と、二人が抱える問題の原因とを混同してはならない。若いカップルや成熟したカップルが失敗を恐れて相談に来ることがある。彼らはセラピストに、将来の

危険に備えて予防的な治療を望んでいる。よくあるのは、自分たちの両親の不和に悩んできたカップルだ。だが、一般的に、セラピーに来る理由として挙げているものは、むしろ問題の結果なのである。

カップルの親密さ／規範関係を不安定にする問題の原因には二種類ある。

（1）外部環境に関係するもの。人生の転機、あるいは予期せぬ出来事から生じる問題。たとえば、子どもに問題が生じると、カップルの有効性が疑問視されるといった状況、あるいは、それまで知らなかった規範（セックス、教育等々）との衝突によってカップルの神話が攻撃されるといった状況である。

（2）カップル内部に関係するもの。この場合のほとんどは、パートナーの片方が変化してカップルの神話や儀式を危機に陥れるといった状況である。

セラピーが必要なのに、ほとんど受けようとしない三番目の状況もつけ加えておこう。それは、カップルの維持に関連してパートナーの片方が病気の症状を表しているような状況である。たとえばそれは、鬱症状だったり、アルコール依存症だったり、他の精神的、身体的、心身的症状だったった

りすることもある。その原因がカップルの問題だった場合の特徴は、個別のセラピーや投薬に効果がないことだが、症状が悪化しなければ、患者自身は治療を受けているものと信じている。

カップルの一方の側の過去に関係する症状、たとえば、強姦、近親姦等の重大なトラウマは、セラピーにカップルのもう一方が立ち会っていると、よい反応がある。だが、そのような場合は本当のカップル・セラピーとは言えない。それは、「カップルでの」セラピー〔一九四頁参照〕である。

♥子どもは自然のセラピスト

子どものいるカップルが相談に来たとき、子どもの問題が口にされないことはめったにない。二人の争いが子どもに悪影響を与えるのではないかと心配したり、すでに子どもに症状が出ていて、カップルはそれを自分たちの不和のせいにしたりする。セラピストの中には、カップルがこの種の心配事に陥っている場合、子どもを小児精神科医に見せるか子どもを対象にしたセラピーを受けさせるよう助言する者もいる。わたしとしては、その可能性も排除はしないが、早いうちにそのカップルの子どもと会わせてほしいと提案する方が多い。子どもをそれ以上両親の問題に巻き込むつもりはないので、わたしは親を抜きにして子どもと会う。その場合は、たいていは一度だけの面談の間に、子どもがどの程度両親の問題に関与しているかを見積もることにしている。両親が問題を抱えていることに気づいていない子どもはほとんどいない。そこでわたしは子どもたちと、不和が別離となって終わるかもしれないという彼らの不安、あるいは反対に、彼らが持っている希望について対話する。たいていの子どもは、親が知ったら驚くほど成熟しているし現実的でもある。ときには、両親に道理を悟らせるためにいろいろやってみたことを自分から話す子どももいる。たとえば、ある十二歳の女の子は、しばらくの間学校の勉強をサボってみたが、ぜんぜん効果がないのですぐにその手をあきらめたと話してくれた。子どもとのこのような面談のときに、子どもたちが親の相談相手であるわたしに会って喜んだり、信頼感を示してくれるのは感動的である。わたしはよく子どもたちに、あなたの代わりに親を助ける役目をしてもいいかと許可を求める。というのは、子どもたちはカップルの守り手として自然のセラピストを務めていることが多いからだ。

二　誰に相談するか？

セラピーを受けた方がいいと勧められたカップルは、難しい選択に直面する。セラピーを頼むにはどんなことが必要となるのか？　カップル・セラピーといっても、さまざまなタイプのセラピストの中からどうやって選べばいいのか？　以下に、セラピストの分類とその概要を挙げてみる。

♥「個別的な」カップル・セラピスト

このセラピストは、厳密な意味でのカップル・セラピストではなく、個々人に対するセラピストがカップル・セラピストに転向したものだ。彼の関心はカップルそのものにではなく、パートナー個人に向けられているので、それはすぐにわかる。面談に来たカップルのそれぞれの歴史を深く掘り返し、それぞれがなぜその相手を選んだかを説明できるような反復強迫やトラウマを探す。そしてその反復強迫やトラウマを補完する神経症があることを前提として、現在の問題の理由を探る。このタイプのセラピストの処方はたいていの場合、カップルのそれぞれに熟考を促し、個人的な精神分析を受けるよう助言するというものだ。こうした面談が有効なときもあるかもしれないが、なぜこうしたセラピストは一人ひとりから別々に相談を受けずにカップル・セラピーを行なっているのか不思議でならない。このタイプのセラピストの意見には、カップルそのものへ働きかけるものは何もない。したがって、カップルのそれぞれがセラピストの言ったことをたてに、自分の問題を相手のせいにすることにもなりかねない。これは、摩擦を長引かせるには有効な方法である。

♥「家政婦的」カップル・セラピスト

この表現は侮蔑的なものではなく、グレゴリー・ベイトソンの語った物語から取ったものだ。ベイトソンは有名な『精神の生態学』[2]の作者である。秩序と混乱、エントロピーとネゲントロピーという難しい概念を説明するのに、ベイトソンは彼の書斎に家政婦が来訪したときの効果を事例として挙げている。それによれば、普通のときならばベイトソンは、何年にもわたって積み上げられてきたあらゆる種類の紙や本の山の中から必要な情報をすばやく取り出すことができる。しかし家政婦が来て彼のものとは異なる基準に従って片づけていったあとは、書斎は彼にとって完全な謎の世界となる。エントロピーとは、ありきたりの秩序、家政婦の秩序である。特別なところの何もない基準に従っている。要素はきれいに片づけられているが、ほとんど情報を与えてはくれない。ネゲントロピーは、反対に特殊な秩序のことである。ある人だけが持つ創造的な混乱であり、それは多くの情報を与えてくれる。

（２）G. Bateson, *Vers une écologie de l'esprit*, t.1, t.2, Paris, Seuil, 1977, 1980.（邦訳、グレゴリー・ベイトソン『精神の生態学』佐藤良明訳、新思索社、二〇〇〇年）。

「家政婦的」セラピストは、特殊ではない基準、外部の基準、さらにはカップルの知らない基準によって状況に介入する。この手のセラピストは自分がカップルの中に見た混乱を、自分の持つ文化の規範に応じた秩序と置き換えようとする。そのセラピストがキリスト教徒なら、カップルの愛や昇華、禁欲といった規範を持ち込もうとするだろうし、分析的なセラピストなら、個性の実現を促そうとするだろう。関係的、コミュニケーション的セラピストだったら、「よい」コミュニケーションを確立させようとするだろう。いずれにせよ、どんな派に属していようと、「家政婦的」セラピストは「混乱」を自分自身の秩序と置き換えようとする。そんな状況で、カップルが自分を取り戻すことなどできるだろうか？　それでも、緊急の場合や鬱状態のときには修復的な効果が期待できる。これは、カップルというものにそれほど期待をかけてこなかったカップルや、職場や家族といった他のグループの方にエネルギーを費やしてきたカップルにとっては役に立つかもしれない。また、暴力を振るったりアルコール依存症になったりと、すでに規範にそむいていて、規範に従うよう外部から介入を受けているカップルにも有効だろう。いずれにせよこの手のセラピーは、カップルに対してセラピストの支持するモデルに合わせるよう要求するという意味で、「予測可能な」セラピーなのだ。

♥「キューピッドの」セラピスト

キューピッドのように、このセラピストもまた、手当たりしだいに矢を放ち、さまざまな事態を引き起こすが、それをコントロールできないか、コントロールしようともしない。このタイプのセラピストは、カップルの訴えている問題には特別な意味はないという事実確認から出発する。言い換えれば、この問題でなければ別の問題が理由にされていただろうと言うのだ……。このセラピストにとって重要なのは、問題の果たしている役目に注目すること、すなわち、争いに油を注ぎ続ける仕組みに注目することである。したがって彼の目標は、問題を解決して秩序を取り戻すことでもなければ、カップルによいコミュニケーションを確立させることでもなく、カップルを争い続けさせている仕組みや、決して解決策など見出せないような仕組みを暴いて、「カップルを救うための危機」を引き起こすことである。たとえば、妻が鬱状態に陥って何度も入院を繰り返しているあるカップルに、彼は次のように言う。「事態はいまよりもっと悪くなっていたかもしれない。たとえば、彼女がよくなったとする。そうなると夫に当然のことを要求しはじめる。支配的な母親のもとに行く回数を減らせとか、カップルのことにもっと気を配れとか。すると夫は妻と母親のどちらかを選ばねばならなくなる。しかし彼女には、夫にそれができるとは思えない。だから、彼女は病気のままでいることを選んだのだ……」。このセラピストは意図的に挑発し、変化をそそのかすが、二人にどんな変化が起きるかまでは予測していない。ただし、このようなセラピーのテクニックは、カップル間の駆け引きが度を越えて、二人の健康、さらには生命までが脅かされているような場面では有効に働く。

♥「自己形成的」セラピスト

今日カップル・セラピーとして考えられているのは、カップルの「分析」ではない。つまり、さまざまな要素を細かく分析して、カップルの困難の原因となりそうな欠陥をパートナーそれぞれの中に見出そうとするものではない。こうした侵入的な行為は、すでに苦しんでいる患者をさらに落ち込ませ、罪悪感を抱かせる。一定の規範の型にはめてカップルの資質を判定するこの取り組み方では、カップルの制度としての側面が視野に入らない。カップルのアイデンティティは、次のような二つの必要性の中に潜んでいる。一方では、「親密さ」を守る必要性。つまり、カップルが持っている差異や特殊性や不透明性を確保すること、他方では、状況や家庭環境、社会環境に応じて、カップルが自ら選んだ一定の規範に従うことである。どんなカップルでも、このアイデンティティが脅かされると危機に陥る。そして、こうした変化や困難をコントロールするすべを身につけて、危機を乗り越えるための解決策を作り出そうとしている。自分で自分を修復することができるのだ。このような視点で患者と接するのが「自己形成的」セラピストである。

わたしがセラピーで出会うカップルは未熟な人たちではない。むしろ、それまでに自分たちなりの解決策を作り出すことができていた人たちである。援助を求めてきたとしても、それは誰かからモデルや規範を押しつけられるためではない。第一、その点でモデルになれるセラピストなど一人もいないのである。したがって、問題は、こうしたカップルに、過去の実績で証明されてきたそのカップルの自己治癒力や創造性をふたたび取り戻させることなのだ。なにしろ、人には、セラピーに来る原因になった問題よりももっと複雑な問題を過去に解決してきた実績さえあるのだから。

ただ、それがわたしにはいつも不思議でならないことでもある。他の点では創造的で知的な人たちが、何でもないありきたりの問題にぶつかって、突然、機能不全に陥ってしまう。他のカップルにはありきたりの問題が、ある特定のカップルにとっては、その中心部に、神話の構成に、カップルへの信仰に、その親密さに、ぐさっと突き刺さる問題となるのである。このようなとき、この特定のカップルにあえて創造性を取り戻させようとするセラピーのテクニックは、そのカップルがたどる運命についての期待とは相容れることがない。たしかに、そのカップルがカップルを続けるべきか別れるべきかという問題は、カップルにとっての問題で、セラピストにとっての問題ではない。「自己形成的」セラピストの任務は、むしろカップルがそうした決定を自分で下せるように立ち直らせることなのである。カップルへの帰属感をふたたび持たせるために、彼は二人に「神話の接木」を提案する。それは、困難にもかかわらず否定できない要素、そのカップル独特の要素を本人たちが認める作業である。それは、相手を尊重するという要素かもしれないし、他の特別な要素かもしれない。たとえば、「家＝カップル」が二人にとって困難に陥っているのなら、その家を尊重しなければならないと思わせるようなすべての要素がそれに当たるかもしれない。

♥「建設的」セラピスト

建設的なセラピストとは、さまざまなテクニックをあやつることができて、状況に応じて、とくにカップルの離反の程度に応じてそれらを活用できるセラピストのことである。ここで「離反の程度」と言っているのは、揉め事自体の中身ではない。あるいは揉め事の駆け引きに使われている論理のタイプでもない。むしろ揉め事が生じている領域の広さを示すものである。たとえば、長い消耗戦のあげく、カップルは非常に洗練されたコミュニケーションのテクニックを利用しはじめるが、カップルはそれを指して、二人にはコミュニケーション上の問題があると主張する。ところが、実際には、彼らは言葉をあやつることにかけてはエキスパートになっているのだ。

問題は、彼らがもはや、「関係」についてや「関係についてのコミュニケーション」について、さらには「『関係についてのコミュニケーション』のコミュニケーション」について、といったことしか伝え合わなくなってしまっていることだ。そこではすでに本質的な何かが失われている。たとえば、カップルの生活を営んでいくのに必要な他の言葉といったものが。カップルの生活を営むには、とくに、必要な決定を下していくためには、二人の関係のあり方についての議論だけをしていれば済むわけではない。これを続ければ続けるほど、二人の話は議論のための議論になってしまい、話し合いというものが持つ基本的な役目を果たさなくなっていく。その役目とは、パンを買うとか子どもを学校に迎えに行くといった、ごく単純な行為を可能にさせることである。これがなくなると、子どもや家族のことなどで生活が変化しても、必要な決定さえ下せなくなる。そうなるのは、彼らに意志が欠けているからではなく、二人の間でのあらゆるやりとりが、単に相手から主導権を握るための試みとして受けとられてしまっているからである。そのため、話された言葉はすぐにその意味を失ってしまう。その間にも、子どもは学校でむなしく親の迎えを待っているというわけだ。

こうした離反が広がっていくと、パートナーたちは駆け引きから抜け出す能力を失ってしまう。なぜなら、休戦の提案を持ち出そうとしても、それもまた主導権を握るための動きと解釈されてしまうからだ。この状況は、周りの人間、すなわちカップルのそれぞれが味方に引き込もうとしている人間にとっても危険なことであり、それは、ときにはカップルのどちらかに都合のいいことを言わなければならないセラピストにとっても同じだ。たとえカップルに要求されたとしても、このような状況で「よいコミュニケーション」を確立させようと努力するのは無益である。カップルは、すでにこの分野ではエキスパートなのだから。反対に、関係よりもアイデンティティの支えや帰属感に関わる自己形成的な言葉を双方に手に入れさせることは重要で、それはまた、「建設的」セラピストのセラピーの特徴でもある。

パートナー同士は自分たちの争いに気を取られすぎて、基本的な決定に関する現実や、カップルの存続に関わるもっと重要な変化にさえ気づけなくなっている。こうなってしまったら、もはや二人は「洗い湯といっしょに赤ん坊まで捨てる」やり方の大家で、気に入っている品物を壊したり、職場にいる配偶者に嫌がらせをして仕事を失わせ、家庭経済を危機に陥れてしまったりする。

したがってこの場合、紛争の場を変えさせるのが「建設的」セラピストの仕事となる。コミュニケーションの専門家となった二人は、同時に専門家特有の欠陥をすでに身につけているからだ。つまり、彼らの視野は狭いのである。セラピストはこの二人に、他の「解釈の仕方」、他の言葉、他の分野を示さなくてはならない。二人が、それまで唯一の現実と考えていたもの以外の現実を見ることができるよう、それが見えなくなっていることを知らせ、見えるようにする方法を知らせてやるのだ。フォン・フェルスターはこう書いた、[3]「自分が盲目であることを知らなければ、わたしは盲目だが、もし、自分が盲目だと知っているなら、わたしはもはや盲目ではない」と。

（3）H.Von Foerster, 前掲記事。

先に挙げたいくつかのセラピーには、根底に「変化」という目的があった。しかし、この「建設的」セラピーの目的は、カップルのメンバーに、自分自身のための選択やカップルのための選択を可能にさせることにある。このやり方は二人に対して、「いくつもある現実」という素材を与え、これをもとに「自ら建設する」可能性を与える。提案されるモデルはセラピストが作ったものだが、セラピストは、そのうちのある方法が他の方法よりも「真実」だなどとは思ってないし、そう助言するつもりもない。カップルが自分たちの知覚を豊かにし、セラピストの考え方に混乱させられることなく、自分たちの現実を自分たちで解釈できるよう、ただ見守るだけなのだ。

第6章　さまざまなケース

これから語る話は、わたしが実際に出会ったカップルや、同僚の指導に当たる際にわたしに報告されたカップルの状況である。したがってその内容と、とりわけ、カップルへの働きかけの方法については、わたしが個人的に責任を負っている。「職業上知りえた秘密の尊重」（守秘義務）という理由から、個人の名前、職業、場所などは必要に応じて変えてある。いくつかの話は、よくあるケースなので合成してある。セラピストによるコメントと働きかけは、多数のセラピーを通して「徹底操作」された仮説を要約したものだ。ここで利用したセラピーのモデルは、前章で「建設的」セラピストの名で説明されたものに対応している。

一　神話の危機に直面したカップル

♥落ち込んだカップル

四十二歳のマニュエルは銀行の部長、四十一歳の妻モニクは失業中。二人は、モニクが何年か前から陥っている鬱状態のことで相談に来た。マニュエルの方も八年前から時おり鬱状態になる。二人とも、モニクの鬱は数年前に失業したことと関係があると思っている。モニクは、マニュエルが働く銀行の出資する職業訓練学校で部長をしていた。ところが経済的理由から銀行はこの学校への出資を取りやめ、学校は閉鎖されることとなった。それ以来モニクは職が見つからない。

結婚以来、二人は子どもを欲しがっていた。十年間努力したが結果は出ず、それも神の思し召しだろうと、二人は運命を甘受することに決めた。その少しあとに、二人の鬱状態が始まった。

二人は代わるがわる鬱になる。マニュエルは落ち込むとベッドから出ない。そんなとき、妻と、いっしょに住んでいる妻の母親が彼の世話をする。家を切り回しているのは妻の母である。この義母とマニュエルはすごくうまくやっていて、義母はマニュエルのよい相談相手だ。モニクの方は落ち込むとすごく悲しくなって、食事をとらず、話もせず、やはりベッドから出ない。この場合は母親とマニュエルが彼女の世話をする。モニクの回復は突然で目覚しい。急に元気になって、何時であろうと家じゅうの掃除を始める。

このカップルの中心には子どもの問題がある。二人はその目的で結婚したのだ。モニクにとっては、それが自然だから、それに、二人には子どもを育てる余裕もあるからである。マニュエルにとってそれは個人的な歴史の中にある。マニュエルの母親は、彼が二歳のとき、他の男と暮らすために家を出た。母親はその男との間に二人の子どもをもうけた。彼は母親を尊敬していない。それに比べ、モニクはまさに非常に尊敬すべき家庭の出身だ。

次のような仮説が立てられる。モニクが自分の鬱の理由として挙げている失業の問題は、カップルに子どもがいないという問題を覆い隠している。彼女は妊産婦のように床に就く、そして「出産を済ませた」かのように起き上がって家を掃除する。マニュエルが落ち込むのは、妻の不幸に責任があると感じているせいだ。妻に子どもを与えることができず、仕事を与えることもできない。

彼らの欠乏を満たすのは明らかに不可能だ。セラピストには、妊娠できるようにもしてやれないし、子どもを与えることもできない。これまで診てもらった医師たちはみな親切だったと二人は考えているが、その人たちも、この不当な運命を修復することはできなかった。

最も目を惹いたのは、二人の症状が代わるがわる現れることと、世話をされるそのやり方だった。

まるで二人が順番に子どもの役を務め、義母が乳母の役を務めているかのようだ。だが、落ち込むのと子どものふりをするのとでは大きな違いがある。

二人の症状は、カップルのシステムを安定させる機能を果たしていて、このシステムが崩壊する危険はない。つまり、代わるがわる現れる二人の鬱状態は、子どもをつくるという目的に基づいたカップルのアイデンティティを、崩壊させまいとする機能を果たしているのだ。

そこでわたしは、鬱状態に生命を与えて二人の創造性を強化することを提案した。「あなたがたがかかっているのはありきたりの鬱じゃありません。医者は鬱病を治せますが、あなたがたのは無理だ。あなたがたの病気は二人で一つの病気です。それが代わるがわるに現れている。この鬱状態は子どもの顔をもっているようにわたしには見えます。だからこそこの病気を大事にしなくてはいけないのです。だって、子どもを殺すわけにはいきませんからね。ですが、こんなに手のかからない別の『子ども』を持つこともできるかもしれません。たとえば、二人が関心のある分野で、何か共同の計画を立てるとか、そういうことを考えてみてはどうでしょう？」

♥孤児のカップル

グロリアは三十八歳、薬を飲んで自殺しようとしたあと、夫に伴われて相談にやって来た。その自殺未遂は重いもので、特別なセンターでの蘇生術が必要だった。医師たちは、機会がありしだいまた実行するという彼女の言葉を心配していた。

実際これが二回目の自殺未遂だった。最初は五年前、精神病院に入院したあとのことで、その結果仕事をやめ、そのままずっと仕事をしていない。グロリアはもう会社勤めに戻ることができない。収入が減り、夫の収入では高い家賃が払えなくなり、遠い郊外に引越すことになった。夫と二人の子どもは、住みなれた土地を離れざるをえなくなったことでグロリアを恨んでいる。

五歳と十一歳の二人の男の子にはとくに問題はない。夫は四十二歳で、妻のこと以外に心配事はない。彼は、幸せになるために必要なものは何でも揃っているのに、グロリアがどうしてそんなことをするのか理解できずにいる。グロリアは、見捨てられたような気持ちだと嘆く。みんなを助けてきたのに、誰も何も返してくれないと言うのだ。病院から出て以来、セラピストと精神科医の治療を受けている。それなのに、彼女は自殺を繰り返した。

自殺しようとする人を「病人」とみなすことですべてがうまくいくとは思わないが、よくあることとして片づけ、その人に何のセラピーも行なわないのはやはり問題がある。この患者のように、また試みる気持ちを明らかにしている場合はとくにそうだ。

グロリアはわたしに重要な情報をもたらした。今回の自殺未遂の前日、彼女はセラピーを受けていたのだが、そのときセラピストは次のように助言したのだ。家族と夫の世話を少し控え、もっと自分の好きなことをやるように、と。セラピストによるこの助言の根拠は、最初の自殺未遂以来、グロリアはもう働いていないし、自分の家族とも切り離され、子どもたちは大きくなってきているし、夫は忙しくしているからというものだった。

カップルの歴史も同じくカップルの問題を考える上での重要な要素だ。彼らの歴史は、とりわけカップルのイメージに執着を持ち続けたグロリアによってエネルギーを注ぎ込まれてきた物語である。知り合ったとき、二人は互いの共通点を見つけて即座に親近感を覚えた。二人とも幼いうちに母親を亡くしていたのだ。彼女は五歳のとき、彼は十一歳のときに。どちらの継母も愛情は薄く、二人は母親の死を充分に悲しんで乗り越えることができなかった。この共通の不幸がカップルの「基礎となる非合理性」となった。

なぜグロリアは死を考えるほどの絶望に沈み込んだのだろうか？　わたしの仮説は次のようなものだ。二人を結びつけていたのは母親を亡くしたことと、その死を悼むことができなかったという事実である。問題はこのカップルがあまりにもよく機能しすぎたことにある。グロリアの夫は、愛情の空白を埋めてくれたこのカップルへの帰属に満足した。それ以来、夫は母親の死を乗り越えることができて、そうすることによって、死を悼むことができなかったというグロリアとの「二人の神話」を壊し、いわばカップルから抜け出してしまったのだ。カップルのアイデンティティはこの行為によって攻撃を受けた。だからグロリアは夫にふたたび死を考えさせることによって、カップルの神話にふたたび非合理性を取り込んだのだ……。先のセラピストの助言がなぜ自殺の引き金になったのか、これで理由がわかる。この助言は、彼女に孤立と犠牲を耐えさせていたカップルの伝説をあきらめろ、カップルへの帰属を否定しろというものだったのである。

自殺するというグロリアの脅しは、夫に死を考えさせ、「カップルの始まり」に戻らせるという機能を持っている。わたしはこのカップルに言った、「あなたがたの問題は、カップルがうまく機能しているとカップルのアイデンティティ、たとえば、早く亡くした母親の死を乗り越えられなかったというあなたがたの共通点を忘れる恐れがあるということです。それを忘れてしまうと逆に、カップルは機能しなくなります。それで、奥さんはカップルの理想を再活性化しようとしてあのようのことをした。だがそれは、救おうとしたカップルの命をさらに危険に陥れることになった……。ですが、あなたがたは他にも共通した価値観をお持ちなのではないですか」。わたしは、自らすすんで人助けをしようとする二人の傾向を指摘した。妻の方は家族を助け、夫の方は職場の仲間を助けている（彼は組合の役員だった）。わたしは二人に週に一度の「儀式」を提案した。二人でいっしょに、誰かを助けるための方法を考えるというものだ。わたしはこの助言で、カップルが死と関係のない「神話の接木」を成し遂げることができるよう期待したのである。

♥解決不能の問題を解決する

ロベルトとその夫アンドレは最初から押しが強かった。二人の肉体的存在感は大きい。アンドレがとくに小柄なわけでもないのに、ロベルトはさらに頭一つ大きい。彼女は声も大きく、夫の声を圧倒している。多弁で、表現は好戦的だ。セラピーの間アンドレの方も、また別のやり方で存在感を見せている。アルコールの匂いをぷんぷんさせ、周りはいやでも気づかないわけにいかないのだ。彼はある会社の幹部社員で、彼女は高等教育機関の教師である。

二人の問題を聞いて、最初どう助言していいのかわからなかった。同じ家に住んではいるが、二人は同じ親密さを共有してはいないのである。ロベルトはカップル以外のところで感情的な生活を送っている。しばらく前から、近所の男と安定した関係を結んでいて、毎日のようにその家を訪問している。それはきまって夕食のあとである。成人したばかりの娘が同居しているため、一定の家庭生活は尊重されている。あとになって確かめたことだが、その娘は両親の不和と父親の体を心配して、そのためだけに家に残っていたという。

ロベルトはとりわけきつい調子で問題を説明した。どうしてこんな「臭い、いびきをかく、おならをする」、見ただけでむかつくような男と同じ家に住んでいるのかわからない、と。その間、アンドレは哀れっぽい様子だ。彼は妻が自分のもとに、とくに自分のベッドに帰ってくれることを願ってセラピーに来たのだった。彼らの問題は相反性にあるということだけは言える。アンドレは妻を取り戻したいが、ロベルトは彼といっしょにいることを疑問に思っているのだ。二人がセラピーに期待している結果は相容れないものだ。ロベルトは自分の最後の疑念、つまり、なぜ自分はこの男といっしょにいなければならないのかという疑念をセラピストが振り払ってくれることを願っているし、アンドレの方はセラピストの力で優しい妻を取り戻したいと願っている。こんなに違っているのにそれでも二人はいっしょにセラピーに来た。とくにロベルトにとっては個別セラピーを受ける方が筋が通っているのだが。わたしは自分の置かれた逆説的な状況に気がついていた。

二人に、彼らのやっていることは筋が通っていないと指摘するのは無益だし残酷だ。二人でいっしょに来ようと決めたからには、そこに何らかの意味があるはずだ。わたしの仮説は次のようなものだ。このカップルは長い間機能してきて、二人が加わりたいと願っている社会階層から認知されるという恩恵を得てきた。実際、二人はそれまでも、そしてセラピーに来た時点でも、高く評価され、若いカップルの結婚準備のための教育活動に加わるよう要請されているほどだ。ロベルトとアンドレは二人とも社会から与えられているこのイメージに強く執着している。内部での関係がどうの昔から壊れているのはわかっていても、社会からの認知がこのカップルを支えている。わたしは二人に、「アイデンティティの支え」と「社会的認知としてのカップルに向ける執着」を考慮に入れ、もう一度それぞれの要求を作り直してみるように提案した。わたしは言った、「明らかに、このカップルは大変な困難に出会っています。それにもかかわらず、カップルの存在は二人を創造的にさせている。そのおかげであなたがたはある難しい事柄をいっしょに成し遂げた。その難しい事柄とは、本物の問題を作り出すという作業です。実際、たいていのカップルが提示する問題は本物の問題ではありません。ちゃんと解答があるからです。ですが、あなたがたは本物の問題を作り出すことに成功なさった。解答のない問題です。あなたがたがお話なさったように、一人ひとりの期待には答えがあります。アンドレさんはセラピーによって奥さんとの親密さを取り戻したいと期待している。ロベルトさんの方は、ご主人と決定的に別れるのを妨げている理由を、セラピストといっしょに解明したいと望んでいるのがわかります。ところがお二人の期待を同じ枠の中に持ってくれば、二人を同時に満足させる解答は論理上無理があるのは明らかです。わたしはこう言わざるを得ません。不和にもかかわらず、争いにもかかわらず、あなたがたはいまでもカップルとしていっしょに独創的なものを作り出すのに成功した、すなわち、『解決不能の問題』です」。

たとえユーモアが感じられるとしても、わたしがロベルトとアンドレに語った言葉は軽々しく発せられたものではないし、冗談でもない。この言葉はカップルの心に響いた。このカップルを作っている非合理性には挑戦の要素が入っていた。二人の性格と意見の違いは最初から意識されていたからだ。アンドレのアルコール依存症にしろ、二人の間にさらに違いを作るための方法だった。ロベルトは禁酒主義者だからである。この働きかけの結果、二人は別居の方法を考え出し、それによって一つも共通点のないカップルの神話は保たれた。

♥ホモセクシュアルのカップルにおける神話の争い

アランとシモンは三十代で、感じがよく、洗練され、繊細である。二人はめったにセックスをしなくなったことで相談に来た。それに不満を言っているのはとくにアランの方である。セックスをしなくなったのは欲望がないせいではなく、接近を始めるとたんに力関係の駆け引きが始まってしまうせいである。いつも繰り返されるパターンについての二人の描写は一致している。最初に欲望を示すのはたいていアランで、シモンはそれをつきつけられた要求としてとらえる。アランはシモンが拒否していると思うが、シモンはそんなことはないと否定する。アランとしてはシモンが関心を持っていないように見えるのに、シモンがそれを否定するのが我慢できず、今度はアランがシモンに対して心を閉ざす。するとたいていそのときになってシモンがぎごちなく近づこうとして、アランがそれを拒否する。熱がこもっていないから気分がさめてしまうのだとアランは言う。だが、シモンの方はセックスのサービスを要求された気がしてとっくに熱が冷めていたのだ。ほとんどはこのときに喧嘩が始まり、二人は怒り、傷ついてそれぞれ自分の部屋に引っ込んでしまう。アランとシモンは真剣に愛し合っているだけに、この繰り返しのパターンに非常に苦しんでいる。

わたしは彼ら二人を「始まりの神話」にもう一度戻らせ、この問題についての別の解釈を提案した。「問題になっているのはセックスのことではないのだと思えるのです」とわたしは言った。「アラン、あなたは、あなたがセックスを望んでいるのにシモンがあなたに欲望を感じていないということを、シモンが否定し、嘘をつくのが我慢できないようです。あなたが感じていることをシモンが認めようとしないから、カッとなるのです。せめてシモンが欲望を感じないと正直に言ってくれれば、辛いことは辛いでしょうが、まだ我慢できる。そしてシモン、あなたがアランの態度のせいで熱が冷めるのだということを否定するのはアランを傷つけないためですね。でもそれがアランには伝わっていないのです。それを理解しなくては。あなたは、カップルは争ったり傷つけ合ったりしないのがいちばん重要だと思っている。だから、そのためにやったことが反対の結果になって非常に驚き、傷ついているのです。あなたがたはお二人とも、それぞれの理想像の問題にぶつかっているのだと思います。二人の理想像が一致していないのです。ですが、そのことは、セックス以外のことでは補完的に働いているのです。アラン、あなたは何よりもまず感情を偽らないことが重要だと思っています。相手の本当の感情に直面できるだけの信頼を示さなくてはならないと思っている。シモン、あなたの方はまた別の価値観を持っています。相手を尊重する、相手が批判されていると感じて傷つくのを避けようと考えている。あなたがた二人を近づけ、カップルを作ることにさせたその二つの価値観が、セックスのときには接近を阻む障害となっています。それがそれぞれの自分の信念だというだけではなく、セックス以外の場面ではその信念をお互いに尊重し合っているだけに、二人とも喧嘩のときの自分の態度が間違っているとはどうしても思えないのです」。

問題がこのように整理されると、カップルの成り立ちの神話が問題になった。何も変えないことに決めれば、性的な接近ができずにカップルは危機に陥る。変えようとすれば、カップルの差異がなくなる。二人の好奇心と創造性があと始末をすることになるだろう。このカップルは結局別れることになったが、現在はそれぞれが元気にやっている。

♥もっと親密さを

オリヴィエは四十歳でその妻マリオンは三十歳。あるパーティで知り合った。内気で孤独なマリオンは、オリヴィエが友人たちに人気があることに惹きつけられた。またオリヴィエの両親がかかわいい一人息子に向ける愛情にも魅力を感じた。彼女も一人娘だったが、厳格で要求の多い父親と、従属的でおどおどした母親には多くを期待できなかった。

彼女は夫の影で比較的幸せな数年間を過ごした。子どもができ、仕事を始め、仕事で認められて満足を感じた。数カ月前から彼女は落ち込んでいる。何となく不幸な気分なのだがその理由がわからない。

二人にちょっとしたテストをしてみたところ、(1)カップルの問題が結果に表れていた。マリオンはかなり突然に、能力の問題以外のことで仕事を失った。その結果、彼女の世界は突然家族とカップルだけになってしまった。すると彼女のオリヴィエに対する要求が多くなり、もっと彼女に注意を向け、情熱を見せるよう要求した。ところが、オリヴィエの方は、二人の間は決してそんなふうではなかったはずだという。マリオンが夫の人気に惹きつけられていたというなら、オリヴィエがマリオンを選んだのは、彼女の自然な控えめさのためであって、彼女なら友人と妻、あるいは両親と妻のどちらかを選べなどとは言わないだろうと思ったからだ。オリヴィエがそう考えていたならば、マリオンの期待が満たされないのは明らかだ。しかし、夫の友人関係を自分のために利用するとすれば、これをさえぎるものも何もない。セラピーのあと、結局彼女はそうしようと決心し、その結果カップルは危機に陥り、いまのところその出口は見えない。しかし、その過程で彼女は、鬱状態からきれいさっぱり抜け出したのである。

（1）詳細は本書の巻末付録「帰属関係図のテスト」を参照せよ。

二　社会的、心理的、家族的規範の侵入に立ち向かうカップル

♥カップルと輸入神話

クロチルドとその夫ポールはともに四十になったばかり。幼い四人の子どもがいる（末の子はまだ数カ月の乳児）。ポールは比較的短い浮気をした。すぐに終わったのは、相手も結婚していて、相手はポールが夢中になりすぎて慎重ではないと思ったからだ。クロチルドはかなり長い間知らずにいたのだが、とうとうそのことを知った。二人は破綻寸前の状態で、カップルが生き延びる最後のチャンスとしてセラピーにやって来た。彼女の側の問題は単純だった。彼女にとって結婚とは重要な誓約だった。ポールと知り合う前の自分の情事は重要ではない。ただの関係だったのだから。しかし、結婚したら貞節が要求されるし、夫婦の間では隠し事をせず、完全な信頼が必要だ。浮気のあと一旦別居したが、その後二人はまたいっしょに暮らしはじめた。とはいえ、クロチルドはどうやったらポールを許せるのかわからない。それに、信頼感が決定的に失われた中で、再出発など

できるのだろうか。

ポールは非常に後悔して自分の過ちを認めている。しかしまた、妻が性的に満足させてくれないことは前からはっきり言ってきたとも主張している。とくに不満なのは、妻が服装にぜんぜん構わず、セクシーさのかけらもない格好をしていることだった。彼は現在の事態を非常に心配している。とくに、発覚以来、妻が彼の好みに合わせた服装を身につける努力をしているのだからなおさらだ。妻を愛していると言い、別れたくないと言う。それは二人のためだけではなく、二人が作ってきた家族のためでもある。彼は自分の浮気を、結婚するまで性体験がなかったからだと説明する。妻の方はあったけれど。

二人とも明らかに苦しんでいる様子を見せていた。二人ともカップルに執着していると言っているが、罠に落ちてしまっている。つまり、二人のカップルの「始まりの神話」は、「絶対的な信頼、したがって完全な貞節」だったからだ。この神話が嘘とわかったからには、二人で作ったこのグループに帰属することは不可能になってくる。この重要な要素を抜きにして、このカップルを続ける、あるいは作り直すことはできるのだろうか？

わたしたちはこの神話の起源を探ってみた。クロチルドは非常に結びつきの強い家庭の出身だった。彼女のカップルのモデルは両親である。お互いに貞節と信頼を示し合っていた。二人は決して別れなかった。愛し合っていたからだ。一方、ポールの両親も別れなかった。だがそれは愛情のためというよりむしろ、二人がいっしょに仕事していたという理由の方が大きいかもしれない……。ポールはすぐに妻の家族に惹きつけられた。妻の両親は彼を喜んで迎え、受け入れてくれた。しかし、背後に潜む非妥協性には気がつかなかった。少なくとも最初のうちは。現在彼は、カップルの存続という重大な問題だけでなく、妻の家族から敵視されるという問題にも直面している。妻の両親は彼女に離婚を勧めているのだ。

第三者の目から見ると、このカップルの神話の起源は明らかである。それは、「輸入神話」と呼ぶべきものだ。神話の起源はクロチルドの家族の中にあった。クロチルドの家族が持つ神話の重要な要素だったものが、若いカップルへの規範として働いた。対照的に、現在セラピーに来ているこのカップルは本物のカップルではないと言っても間違いではない。ポールがあのような行動をしたからカップルが破綻寸前になっているというのではなく、神話のレベルで、このカップルは最初から存在していなかったのだ。特別なアイデンティティを持つ二人で作った小さなグループという意味でのカップルを、二人は作っていなかった。別のグループの神話を借りていただけなのである。

この仮説をもとにして、ポールとクロチルドが二人だけのカップルとしてのアイデンティティを作り上げる可能性はある。とくに、いまとなってはポールもクロチルド以外との性体験によって、カップルのあり方についてクロチルドに依存しなくてもよくなったのだから……。二人は、新しいカップルの特徴を追求してはどうかというわたしの提案を喜んで受け入れた。だが、二人の要求の中には相容れないものもあることは確かだった。したがって、二人はこの作業が行き詰まる危険性についても気づいていた。

二人を助けるために、わたしは次のような考えを指摘した。カップルの二本の柱である信頼と貞節は、実は非常に異なった概念なのだ。カップルの中に信頼があるなら、どちらも相手に対し、たとえ性的なものであっても自分の動揺や困難を打ち明けられるはずだ。原則として、性的な問題は家族の中では語られないものとされている。ところがポールもクロチルドも性的に成熟し、欲求も欲求不満もある二人の成人なのだ。信頼とは反対に、貞節はもともと基礎とはなりえないものだ。それはあとになって自由に合意されて成立するものである。この貞節という概念を中心にカップルを組み立てることを選ぶなら、そこに信頼が入ることはできない。信頼があるとすれば相手に自分の動揺や誘惑などをすべて打ち明けられるはずだからだ。それなら、貞節はどこから始まるのだろう？　肉体関係だけを言うのだろうか？　「けしからぬ考え」や、さらには別の人が出てくるエロチックな夢までも含めるべきなのだろうか？　問題はすぐに解決不能になってしまう。

このように述べたあとで、わたしは、神話の柱を決めたり、お互いの新しい期待が両立するかどうかを判断するのは二人に任せることにした。

♥夫婦のカップルVS両親のカップル

アンリは医師である。妻クレールも医師だが、十五歳と十歳の二人の子どもの教育に専念するためキャリアをあきらめた。二人は熱意を見せず、ほとんどあきらめの様子でセラピーに現れた。二人とも非常に優秀な人間で、専門家に援助を頼むことを自分たちのカップルが失敗した印と考えていた。それでもセラピーを申し込んだのは、家族がばらばらになりそうだったからだ。父親と長男の喧嘩に介入したクレールのやり方が不当で許せないと思ったアンリが、離婚を申し出たのである。

この親子喧嘩は初めてのことではない。長男のジェロームは十二歳の頃から学業成績と素行で問題を起こしていた。十五歳になって身長は百八十五センチ、そして父親が、種蔑嘆の念を込めて言ったとおり、「女の子のことしか頭にない！」……。現在のところ、喧嘩の種はジェロームの外出の件に集中している。ジェロームはしょっちゅう、それも遅くまで外出したがるのだ。クレールは放っておこうとする。だがアンリは強く反対し、さらに、軽薄な気晴らしはいい加減にしてもっと読書し教養を高めてほしいと願っている。母親にとっては、父親と息子の関係が主な問題だ。二人が喧嘩して、怒鳴り声やひどい言葉が飛び交うのに耐えられない。それに二男のガブリエルへの影響も心配だ。ガブリエルはずっと内気で気が弱いのだ。面談の結果、問題が起きるのは家族が集まったときに限られるとわかった。爆発が起きるのはジェロームと両親が一度に揃ったときだ。ジェロームがどちらか一方の親といっしょなら、関係はずっとリラックスした快適なものになる。両親が二人だけのときもそうだ。ジェロームとの問題が夫婦の問題を隠しているようには見えない。それなのにカップルは現実に教育姿勢の不一致から危機に陥っている。それはアンリが離婚を口にするまでに至っている。どうしていいかわからなくなったクレールは、何度も家を出てホテルに泊まった。

奇妙な状況だ。両親は二人とも知的で教養があり、教育問題についても詳しいし関心がある。それなのに、二人とも望んでいない離婚以外に解決方法が見つけられずにいるのだ。

二人を麻痺させているのは、まさにこうした現代の教育方針についての知識なのではないかとわたしには思える。実際、今日では、両親が子どもの教育に関わらなくてはならず、できれば、一致した教育姿勢を示さなくてはならないとされている。この原則は規範として異論の余地がないとまでみなされているのだ。ところが、両親二人ともが教育に関心を持ち、どちらも自我が強く、異なった方針を持っていたとしたらどうすればいいのだろう？　教育方針の違いは必ずしもカップルの不調を意味しないことを思い出してほしい。実際、これからカップルになろうとする人が、教育方針がすばらしいからといって相手を選ぶことはめったにないのだ。その違いは、このケースのようにずっとあとになって現れ、しかも状況に左右される。

上記の規範、すなわち「一致した教育姿勢」という神話的規範をもう一度考え直すこともできるのではないだろうか。この規範は多くの両親にとって、創造性の働く余地を残さない足かせとなっている。第一に、これは最近になって出てきたものである。以前は、理屈がわかるようになる年齢、すなわち十三歳くらいまでは教育は母親の役目とされ、その後は子どもは父親の支配下に入っていた。今日、両親の共同作業という教育の規範はとくに大きな拘束力を持っている。これは、二人が指揮権を持つということである。さて、その困難の大きさを理解するには、二人の社長が同時に指揮する工場や会社を思い浮かべてもらえばいい。そのようなやり方は摩擦と双方のエスカレートを引き起こし、それがカップルや家族を危機に陥れることになる。両親が一致に至るとしても、中途半端な妥協になることが多く、子どもはすぐに、その決定が両親のどちらにも本気で支持されていないし守られることもないと気がつく。

そのような場合わたしは、交代で責任を持つことを提案することがある。一定の期間、片方の親が子どものボスになるのである。教育に関する決定の責任はその親が持つ。その間もう一人の親はオブザーバーとなる。クレールとアンリに提案したのもそのことだった。わたしは二人に、自分たちの教育的信念を実施するのに何も離婚を待つ必要はないのではないかと言った。順番に、たとえば二週間交代で子どもの指導に当たれば、その方がずっとよく自分たちの創造性を発揮できるのではないか。たとえばこれから二週間子どもたちはアンリに指示を仰がなくてはならない。クレールがその間子どもたちの世話をしないという意味ではないが、子どもに関する決定あるいは要求に対する返答は必ず父親であるアンリによってされなければならず、これは父親が留守の場合も同じである。父親の方はたとえ電話だけでも連絡がつくようにしておかなければならない。次の二週間はクレールがボスになる番だ。もちろん、これは公開のゲームである。子どもたちはこの規則を知らされ、守らなくてはならない。

概して子どもたちは、たらい回しをし合っている両親の間を渡り歩くよりも、一人の指示者しかいない状態にほっとするようだ。「お父さんに聞いてごらんなさい」と母親が言い、「お母さんに聞きなさい」と父親が言う……。疲れる状況だ。そのうえ、オブザーバーの地位は、問題を解決しようとしている相手の奮闘ぶりがよく理解できる。そのため、教育方針について、ただ疲れるだけの不毛な議論を回避することができる。異なった環境に育った二人の教育方針が異なっていないはずはないのだ。こうすることで、親としての機能とカップルとしての機能がはっきりと区別される。

もう一度言わせてもらう。教育に関する問題はカップルそのものの不調の印ではない。唯一の問題は、理想的な両親は子どもの教育についてあらゆる点で一致していなければならないとする現代の神話的規範を自分たちの規範としてしまうことなのである。

♥ノアの箱舟

エヴの問題には相談を受けた精神科医がみな首をひねった。この女性の行動はほとんど予測がつかない。普段は活動的で、仕事では評価されているこの女性が、自分に閉じこもり、夫も、子どもたちも、どんな強制によっても、彼女を沈黙と「実際行動不能」の状態から引き出すことはできない。この期間が特別な理由もなく二週間ほど続いたあと、エヴはふたたび活動的で有能で、仕事でも家庭でも存在感のある人物となる。

薬が処方され、入院までしたが、何もうまくいかず、どんな治療も役に立たなかった。反対に、夫のグレゴワールは、医者が妻を悪化させるようなことしかしていないと感じ、妻が死んでしまうのではないかと心配するほどになっていた。だから、精神科医がカップル・セラピーを勧めたのは藁にもすがる思いだったのだろうし、また、医師たちによれば、グレゴワールが妻の症状に甘い顔を見せすぎるせいでもあった。

わたしは二人の特殊性を見つけ出した。二人は再構成されたカップルだった。以前に結婚したことがあり、子どももいた。互いに四十歳をすぎていたのに、銀行の窓口での束の間の出会いで抑えがたい情熱の炎が燃え上がった。二人は配偶者を捨てていっしょに暮らしはじめた。「幸せの家」ができあがり、そこにできたてのカップルとエヴの三人の子どもが落ち着いた。そのあと、グレゴワールの四人の子どものうち二人もそこに加わった。元の妻が鬱状態になってその二人の教育を引き受けられなくなったからだ。

再構成されたカップルが理想の家族を作ろうと野心を抱くのは珍しいことではない。「ノアの箱舟」の家族、一人ひとりに居場所があり、一人ひとりが幸せを見つけられる家族である。驚くべきことは、彼らの理想の家族とはごくありきたりの、過去のない家族だということだ。彼らの最も大きな喜びは初めての結婚でできた家族と間違えられることだ。しかし、前の家族と新しい家族を置き換え、再構成にともなう違いや特殊性を消し去ろうとする計画は、最初の結婚でできた子どもの抵抗に遭うことが多い。子どもたちは最初の帰属が否定されるのを認めることができないのだ。その結果、再構成されたカップルは、再構成家族を犠牲にして最初の結婚の家族を重視する規範を持つことになる。再構成家族が最初の家族のまねをしようとすればするほど問題が大きくなるようにわたしには思えるのだが。

グレゴワールにもこの規範的神話が働いているように見える。彼がたくさんの子どもを受け入れてこんなに幸福を感じるのもそのためだ。だが、エヴにとってはそうではなかったことが、のちに当人の口から確証される。彼女は行き詰まりを感じていた。グレゴワールが家長の役を嬉しそうに務めているのを見る。だが、彼女はとてもそんなに立派にはなれない。彼女は、彼というパートナーと、それによってできあがったカップルをすごく愛しているのだ。だが、二人のための空間をもっと残しておいてほしいとはどうしても言い出せずにいる。そこで彼女は鬱になりはじめた。変わったストライキのようなものに訴え出ることで、彼女はグレゴワールの注意を自分の方に向けさせることができる……。

♥幸せなカップル

アントワーヌは成功した実業家である。外国人モデルのビルジットを妻にした。子どもが二人いる。

アントワーヌは心筋梗塞で死にかけた。回復は順調ではなかった。前のようには仕事ができなくなり、自分が小さくなったと感じた。彼はいわゆる「仕事中毒」で、猛烈に働き、すばらしい成果を挙げても、それはさらに仕事を増やすだけにしかならなかった。死を求めているかのようなこの種の行動は、母親から非常に期待をかけられて育った人に多い。そのような人たちは自分に向けられた愛情を特権と感じるが、その特権は母親への義務感と、自分ほど愛されなかった他の兄弟への罪悪感を生み出す。

ビルジットの方は、自分を飾ろうとする努力を何もしていなくても非常に美しい若い女性である。厳格なプロテスタント家庭の出身だった。いくらかホームシックを感じている。

アントワーヌの心臓発作以来、カップルは重大な危機にある。ビルジットは夫に我慢できなくなり、しょっちゅう自分を責めている。彼と結婚するんじゃなかった、子どもをつくるんじゃなかった。だいいち、彼女はいい母親ではない、等々。おかしなことに、心臓発作のせいで夫が前よりも長く家にいてカップルに関心を払うようになったときに（以前はそうではなかったのでビルジットは文句を言っていた）、問題が出てきたのである。

ビルジットの話はおかしなものだった。一方では、かなり筋の通らない論法で自分を責め、他方ではアントワーヌが他の夫たちのようにしないと言って責めた。朝出かけて決まった時間働く、つまり、地位の低い従業員である自分の家族の男たちのようではないことを責めたのだ。アントワーヌはもちろん反論する。彼は「ボス」なのだから、指図されて働く必要はなく、自分の働く時間は自分で決められるし、したかったら朝寝だってできるのだ。それに、彼の事業はうまくいっていて、もう、常に会社にいる必要もない。

このカップルはかなり特殊な生活形態をとっていた。彼らの家はアントワーヌの実家の土地に建てられていたのだが、同じ土地にアントワーヌの母親と妹も家を建てていた。彼らの家は非常に「浸透性」が高かった。どういうことかというと、ビルジットの義母は合鍵を持っていて、招かれなくても遠慮なしに、ベルも鳴らさずに入り込んでくる。同じく、海岸にある大きなバカンス用の別荘にも、常に友人や家族が押しかけていた。

アントワーヌとビルジットは、自分たちの愛情生活の空虚さを問題にしないために、家族や友人がいつもそばにいる環境を作る必要を感じていたのかもしれない。それなら、このような生活形式に満足していていいはずだ。ところがまったくそうではない。二人とも落ち込み、消耗し、元気をなくしている。

彼らの問題を説明する他の仮説がしだいに浮かび上がってきた。このカップルは成功のカリカチュアなのである。二人は美しく、裕福で、子どもたちはすばらしい。とくに問題はなく、アントワーヌの心臓発作でさえ、満足すべき形で解決がついた。だが彼らを結びつけると同時に切り離している何かが、彼らが幸せになるのを妨げている。その何かは、二人が自分たち自身の最低限の私生活も守れない事実となって現れている。たとえば、ビルジットは広い家の中に自分だけの小さな空間がほしいと思っていて、アントワーヌが反対しないこともわかっているのだが、彼女はその計画を最後まで進めようとしない。アントワーヌの方は、近親者や親しい人からの頼みをはっきりと断ることができず、そのため、自分で作り出したこれらの義務を逃れるために複雑な取りつくろいをするはめになっている。

自分たちの領域を守ることができない二人だが、お互いにそれを非難することだけはできる。ビルジットは、アントワーヌは母親との間にもっと距離をおくことができるはずだし、いくつかの頼みははっきりと断れるはずだと考えている。アントワーヌの方は、ビルジットが自分の領域を作れないことと、ビルジットの出身家族の頼み（都合の悪いときにやって来て長く居座る、財政的な援助）を断れないことを非難している。そこでわたしは次のように言った。「あなたがたの問題はよく似ています。二人ともご自分の家族に対して大きな罪悪感を感じている。おそらくは、お二人自身の成功のせいで」。近親者の羨ましがるような行為を見て、あるいは近親者が羨んだり妬んだりしないように、二人は利他的な行動を発達させた。だが、それは近親者の妬みや羨みの行動を強めることにしかならないことを、わたしは二人に示したのだった……。

♥存在の権利がなかったので存在したカップル

めったにあることではないが、外部と内部の困難をどんどん溜め込みながらも、ばらばらになららずにいるカップルもある。これから話すある若いカップルは、最初のセラピストにはどうしたら別れられるかと相談し、二番目のセラピストにはもう一度二人で暮らすためにはどうすればいいかと相談し、それから最初のセラピストのところに戻ってふたたび最初の相談をした。トムと彼のパートナーのイダは五年前からいっしょにいるが、どちらも結婚を口に出さなかった。二人には二歳と一歳の子どもがいる。よくある内部の問題をたくさん抱えている。コミュニケーションの問題、セックスの問題、彼の方が彼女よりもセックスをしたがる。イダも同じように子どもの教育で問題を抱えていた。子どもに対するとき、彼女はいつもおまわりさん役で、彼はいつも「得な役回り」だ。問題は、彼らがこのカップルに執着するのか否かをどうしても決められずにいるということだった。そのため、セラピストに相談する目的がふらふらしてしまうのだ。

二人の家庭の状況を聞いたあとで、わたしは彼らの問題の性質について一つの仮説を提示した。トムとイダの両親は父親が死ぬまでずっと結婚していたが、イダの三人の兄弟は早く離婚していた。トムの方は思春期の頃に両親の離婚を経験していた。奇妙にも、イダの場合と同じく彼も、兄弟のうち二人が離婚し、三人目の兄弟は精神科の治療を受けている。病気のこの兄弟を別にすれば、トムもイダもその兄弟すべてと片方の両親がみな結婚に失敗している。このことは、トムとイダの現在の問題の一因である。たしかに、二つの家族だけの特殊な状況かもしれないが、彼らが結婚したがらないのはそれが理由なのだ。この制度がもろいものに思えてならないのである。わたしは言った、「カップルが続くか続かないかというためらいのせいで、あなたがたはカップルの暮らしを生きることができずにいるようです。だから、カップルがあなたがたのためになっているかどうかを決めるのが難しいのです。それは、あなたがたが矛盾の網にとらわれていることと関係があるようです。あなたがたは完全にカップルとして生きることができずにいる。それは、イダもトムも、もしカップルとしてやっていくとすれば、本当にそうしたいからなのか、それとも自分たちの家族の伝統に挑戦してそれを打ち破りたいと思っているからなのかがわからないし、別れることを決められないのは、もし別れるとすればそれはただ自分たちの家族の伝統に従っているからなのかどうかがわからないからです」。

こう話したことで、イダとトムは新しいセラピーを受けるための方針を決めることができた。それは、カップルを続けるか続けないかを決めるためではなく、カップルの存在に疑いを抱かせるような出身家族の物語を持つ二人が、それを二人の「始まりの神話」としていることで、彼らのカップルの成り立ちがいかに脆いものになっているかを確かめるためである。

♥「カップルでの」セラピー

　わたしはときどき、パートナーの一人が重大なトラウマに関連する精神的な障害を示しているのを見ると、「カップルでの」セラピーを提案することがある。相手のパートナーはこの障害やその原因を知っていることが多く、この障害がカップルの成り立ちの理由の一つになっていることもよくある。このようなケースでは、個人セラピーが効果を挙げることは少なく、パートナーのうち健康だとされる方が個人セラピーをサポートする役目を果たしている（「カップルでの」セラピー）。個人セラピーについては、その形式についても問題がある。セラピストと二人きりで閉じこもることは、性的暴行などのトラウマを持つ患者に不安を呼び起こすことになりかねないからだ。

　四十二歳のアンリエットは助けがなくてはどうしようもない。彼女は日常生活の障害となる重度の恐怖症を示していた。彼女の恐怖は、日常の空間に侵入してくるネズミに関わっていた。恐ろしい動物に出会うのが怖くて、息子か夫に付き添われないと外出できない。また、夫か息子がネズミはいないと保証してくれないうちは家に入ることもできない。長い間個人セラピーを受けていたが、目立った変化はないようだった。

　こちらが特別に呼んだわけではないが、最初のセラピーのときに夫がついてきた。明らかに、アンリエットにとって夫の存在は邪魔ではなかった。それどころか、気が楽になった様子で、夫のいる前でさまざまな種類の心配事を口にした。たしかに恐怖症の問題もあったが、それはさっさと片づけて、むしろ、夫や息子に何かあったらという恐れを口にした。実家の家族への心配、とくに母親への心配もあった。母親はいつも彼女に対して厳しく、彼女には拒んでいた愛情を妹だけに向けていた。その妹は明らかに精神障害があり、母親といっしょに暮らしている。彼女の姉が数年前に自殺したこともわかった。彼女の兄弟は、兄が三人、自殺した姉、それに妹だった。

　セラピーの間、夫は注意深く話を聞き、彼女がためらったり間違ったりするとすかさず訂正する。次のセラピーの予約を決めるときに、わたしはアンリエットに次も夫にいっしょにいてほしいかと聞くと、即座に肯定の答えが返ってきた。次のセラピーはアンリエットと母親の関係に集中した。母親を辛辣に非難するのだが、何を非難しているのかいま一つはっきりしない。姉の自殺について、ほのめかすような言葉で長々と話した。「姉はあんなことしなけりゃよかったのよ、何の解決にもならないのに。わたしは姉ほどさわぎ立てなかった……」。家族のおぞましい話が浮かび上がってきた。アンリエットと姉は兄の一人によって性的に虐待されていたのだ。それから、もう一人の兄も関わっていたことがわかった。アンリエットはすごく苦しんだが、強い性格だったし、騒ぎを起こしたくはなかった。自殺した姉の方は繰り返し強姦されたことを母親に話して母親を苦しませたが、アンリエットにはそれはできなかった。それなのに、母親はアンリエットが母親を守ろうとしたことを考えてくれなかった。だいいち、姉が打ち明けた話さえ真剣に考えなかったのだ。

夫はアンリエットの話に驚いた様子がなかった。あとで聞いたところでは、妻の過去についてはは最初から知っていたということだった。この男性は、夫を亡くした母親から非常に保護されて育った。アンリエットの家族の物語に深く心を動かされ、彼女の信頼できる、注意深く忠実な保護者になろうと決めていたのだ。

「カップルでの」セラピーは続けて行なわれた。問題の根は過去にだけあるのではないことがわかった。アンリエットと実家の家族との関係で生じる問題を相変わらず引きずっていたのだ。彼女の恐怖症は、単に彼女のカップルの原動力の一つとなっていただけでなく、彼女が母親や兄たちと接触せずに済むよう彼女を守っていたのだ。彼女は精神障害のある妹とも会いたくなかったが、その妹も彼女と同じ被害をこうむっていたのかもしれない。

結論　カップルの将来

最近ある患者がわたしに言った、「カップルが重要になりすぎると、何でも、どんなことでもやってしまう……それを救うために」。本書を通じてわたしは、カップルを作り持続させるには、二人のパートナーが多大のエネルギーを費やさなければ不可能だということを明らかにしようとした。パートナーたちは性の自由を犠牲にし、親密な空間を分け合うことを受け入れる。また、危機をはらむカップルと、その危機下での防衛行為は、苦しみや病気や暴力までをも生み出す可能性があることを示した。

カップルを作るのに、もし苦労がともなうのだとすれば、それを壊すのにも苦労がともなう。崩壊によって起きる損害は重大なものになりうる。なぜなら、カップルの存在にかかっているものは単なる関係の領域だけに関連しているのではなく、家族の領域、アイデンティティの領域、社会の領域、経済の領域等々にも関わっているからだ。わたしたちはここで、カップル・セラピーの仕事の限界に到達する。カップル・セラピーの役割は、それぞれのカップルが、「個人的な熱望」と「カップルの維持のために同意できる犠牲」との間のどこかに、自分たちの位置を定められるようにすることにある。

「永遠のカップルという神話」と「現実」との間には実際には亀裂がある。なぜなら、平均して二つに一つのカップルはその永遠の道をたどれないからだ。意識していなくても、カップルの生命に限りがあることは誰でも知っている。その現実を隠すよりも、神話を修正する方が妥当なのではないだろうか？　意地悪な見方をすれば、雇われるときに辞めるときの条件まで交渉するという重役のイメージや、もう一度教会で結婚式を挙げる金婚式のカップルのイメージを心に浮かべ、定期的な決算報告によって、その決算が必ずしも大惨事とはならないような、「時に支配される結婚」という概念を擁護することもできるだろう。もし結婚がそういうものになったなら、この制度は見直されることになり、結婚は裁判の対象ではなく契約の対象となる。つまり、紛争のさいは裁判官の前に出るのではなく、公証人の前に出るのである。その公証人はセラピストの顔をしているかもしれない。

その不都合さにもかかわらず、カップルが廃れる気配はない。なぜなら今日では、カップルは家族や職場よりも重要になっているからだ。それは動かない傾向なのだろうか、それとも人間関係の変化の一段階にすぎないのだろうか？　それは誰にもわからない。カップルがずっと存在するとしても、人々がカップルに向ける期待、とりわけアイデンティティの支持グループとしての期待は、むしろ小さくなる可能性もないではない。たとえば友人関係や兄弟同士のネットワーク、あるいは現時点では思いもつかないようなグループが、その代わりを務めることになるかもしれない。あるいは、しだいに一人暮らしが増えていって、将来は個人がカップルに取って代わるということになってしまうかもしれないのだ……。

付録　帰属関係図のテスト

このテストはカップルを対象に行なわれるが、カップルを他の帰属関係の中でどんな位置に置けばいいかと迷っている人にも役に立つ。

あるグループへの帰属感と他人への愛着の違いを思い出そう。わたしたちは自分だけで自分にアイデンティティを与えることはできない。自分の存在を認知する能力であるアイデンティティは、グループを通してしか得られない。なぜなら、わたしたちはグループの「神話」を支持し、その「儀式」に参加することで人間のグループの存在に加わっているからであり、そのグループがわたしたちを認知して、帰属というアイデンティティを与え、わたしたちを人間にするからである。わたしたちはさまざまな帰属の交差するところに自分のアイデンティティを作り上げる。わたしたちが家族、クラブ、団体、友人のグループ、そしてカップルを作り、維持しようとする欲求はそこから生まれている。

ここで使用する帰属関係図は帰属関係を研究するためのテクニックである。これらの図は、個人のさまざまな帰属関係（出身家族、カップル、現在の家族、職場、スポーツクラブ、友人のグループ、等々）を、関わりと期待の大きさに応じて大小の円で表したものである。一つの帰属関係の大きさで、それがなくなったときの喪失感の大きさがわかる（図A・B）。

円は主体を中心に描かれ、主体は帰属関係の交差点に位置することになる。人生の異なった時点での図を描くことで時間の次元を導入することもできる。これによって、いくつかの帰属の中から選択を迫られる時期となる自立の瞬間を見て取ることができるだけでなく、帰属の消失、危機の時期もわかる。そのとき、将来についてや、これからのアイデンティティの支えとなるものについても考えることができる。

帰属関係図は帰属の選択に迷っているときには貴重な道具となる。たとえば、それまで深く関わってきた帰属を離れる前に、言い換えればカップルなどの重要なアイデンティティの支えを見捨てる前に、このテストはアイデンティティを取り戻す可能性あるいは不可能性について教えてくれることになる。

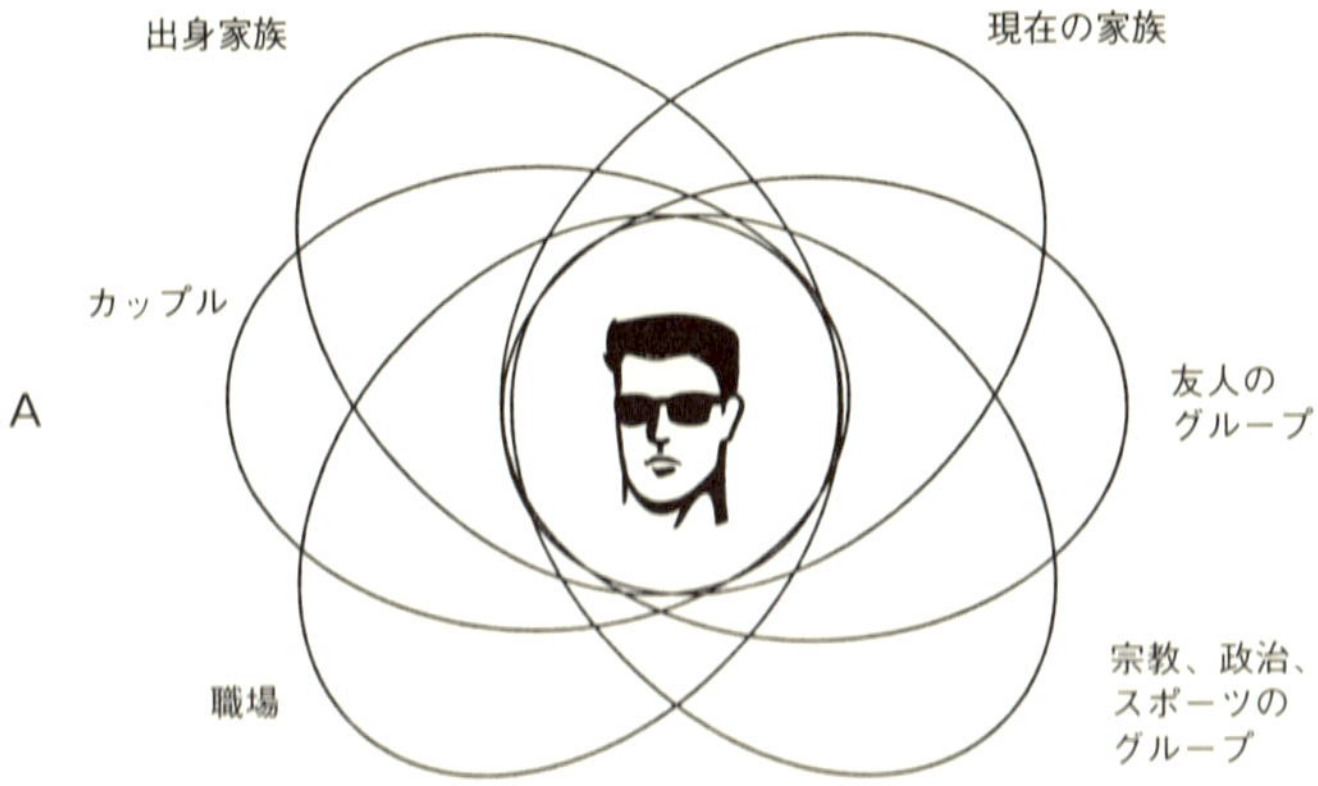

正常な帰属関係図：帰属の豊かさ、変化や選択の可能性。

貧困な帰属関係図：注意、危険あり！　どの帰属を失っても深刻なことになる恐れがある。

カップルがいっしょにこのテストをするときは、まず、パートナーに相手の帰属関係を描いてもらうという交差テストから始めるのが望ましい。その後各人が、自分の感覚に基づいてその図を訂正する機会を持つ。(注意…カップルへの帰属も中に含めること)。

＊　＊　＊

例1

妻ベアトリスは夫の帰属関係図を描くとき、出身家族の円を、夫自身がカップルに対して描くであろうと思われる円よりも大きく描いた(図C)。だが、夫も彼女の帰属関係図を同じように描いたのを見て、はっとした(図D)。その驚きを彼女はこう説明する。自分の家族はみないい人たちだが、夫の家族の方は排他的だから……。そして夫が出身家族というものに執着していることがわかり、夫も彼女と同じくらい苦しんでいるのかもしれないと、彼女は少しずつ理解することができた。

C

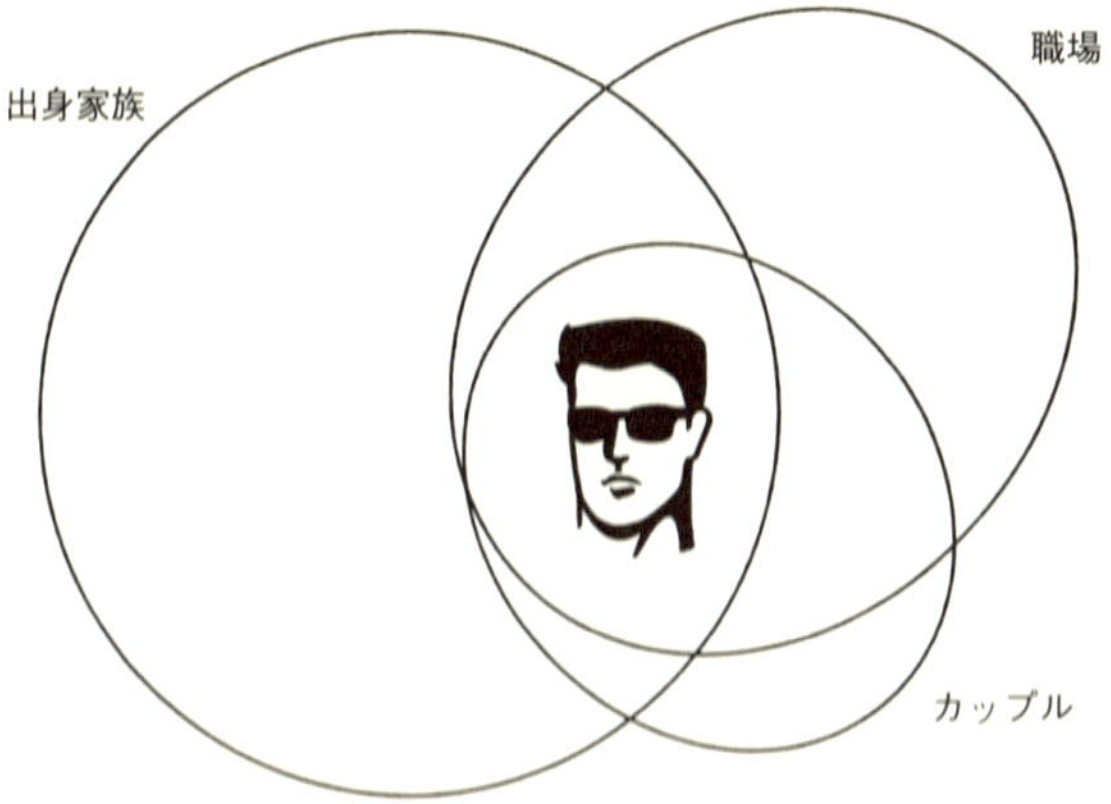

D

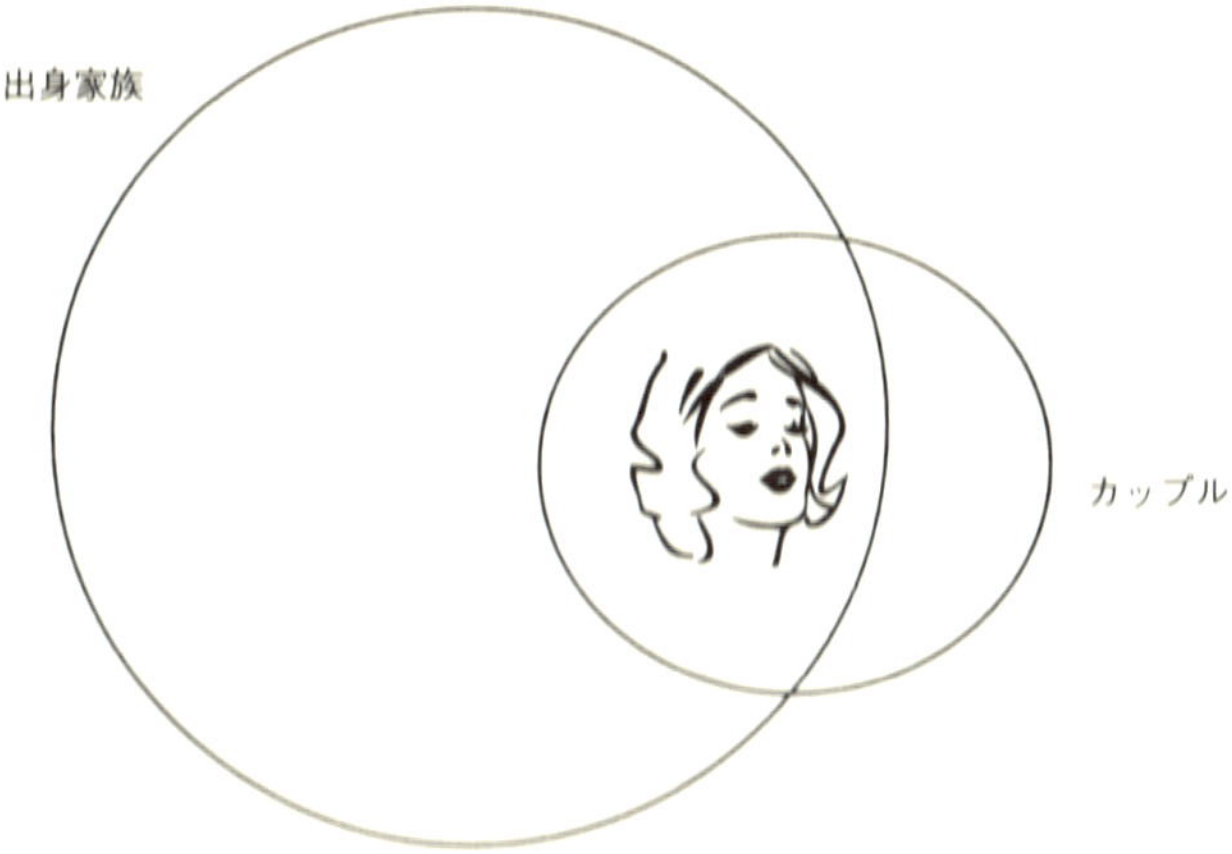

妻ベアトリスは、夫がカップルよりも出身家族の方を重視していると考えている。
夫もベアトリスについて同じことを考えている。

＊　＊　＊

例2

優秀な大学人である夫アルベルトはすぐにこのテストの規則をのみ込んで、やはり大学人である妻ジョヴァンナの非常に豊かな帰属関係を描いた（図E）。大学で研究者仲間から受けている認知、現在の家族、友人関係、カップル……。

帰属関係図の助けを借りて、ジョヴァンナは二人がセラピーに来る原因となった問題を説明する。彼女は数カ月前からインターネットを介して別の研究者と非常に深い愛情関係を結ぶようになった。そのとき以来、日に何時間もネット上で過ごしている。夫の描いた帰属関係図は極端に理想化されているという。実際は、彼女には帰属関係は一つしかない（図F）。というのは、夫がどこにでもいるからだ。友人関係の中にも、家族の中にも、研究者の世界にも、彼女が得ている認知は、妻という身分と切り離すことができない。彼女が他の認知を必要としていることは理解できる。それは別の世界、インターネットの世界での自分だけの帰属感である。

E

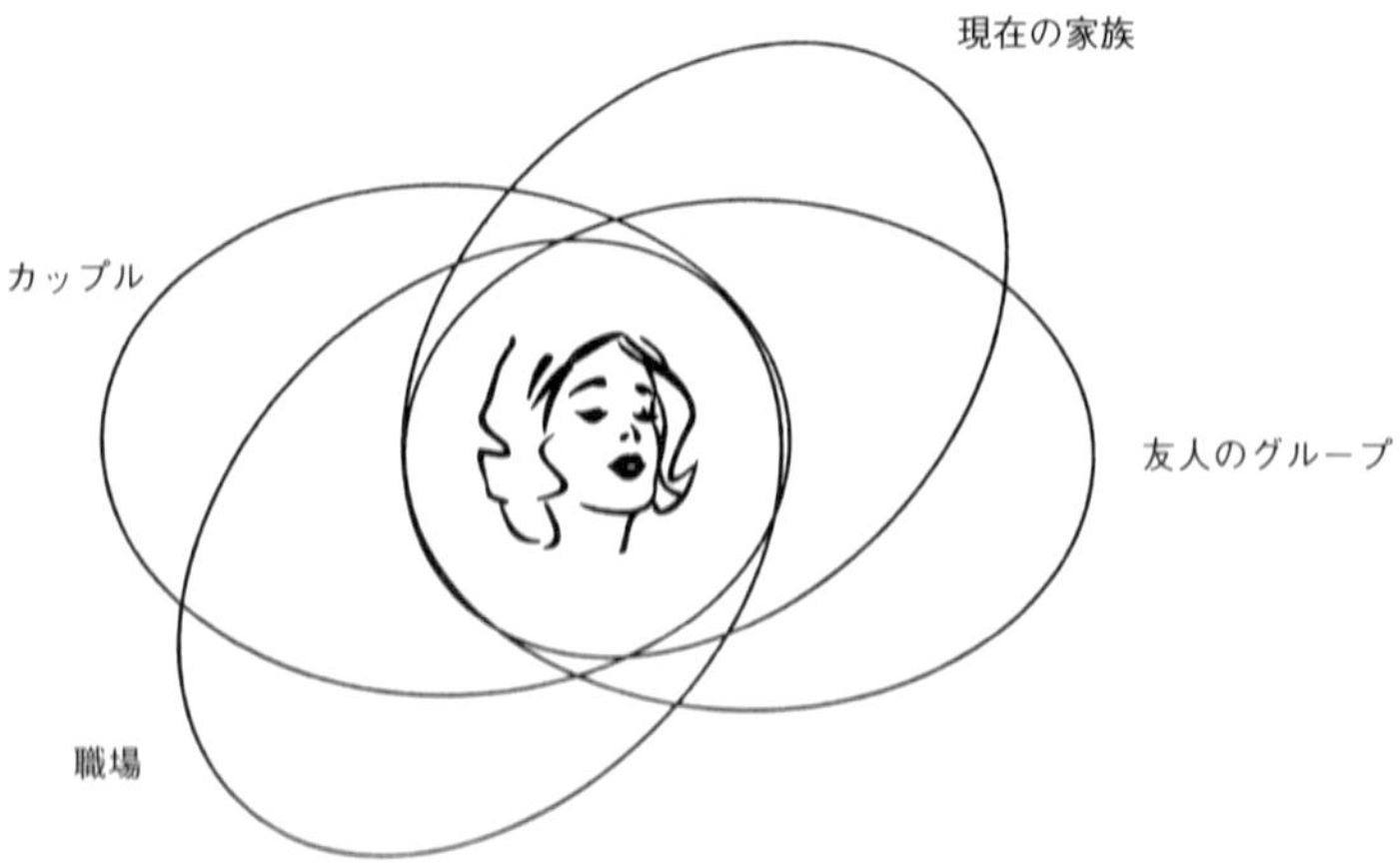

F

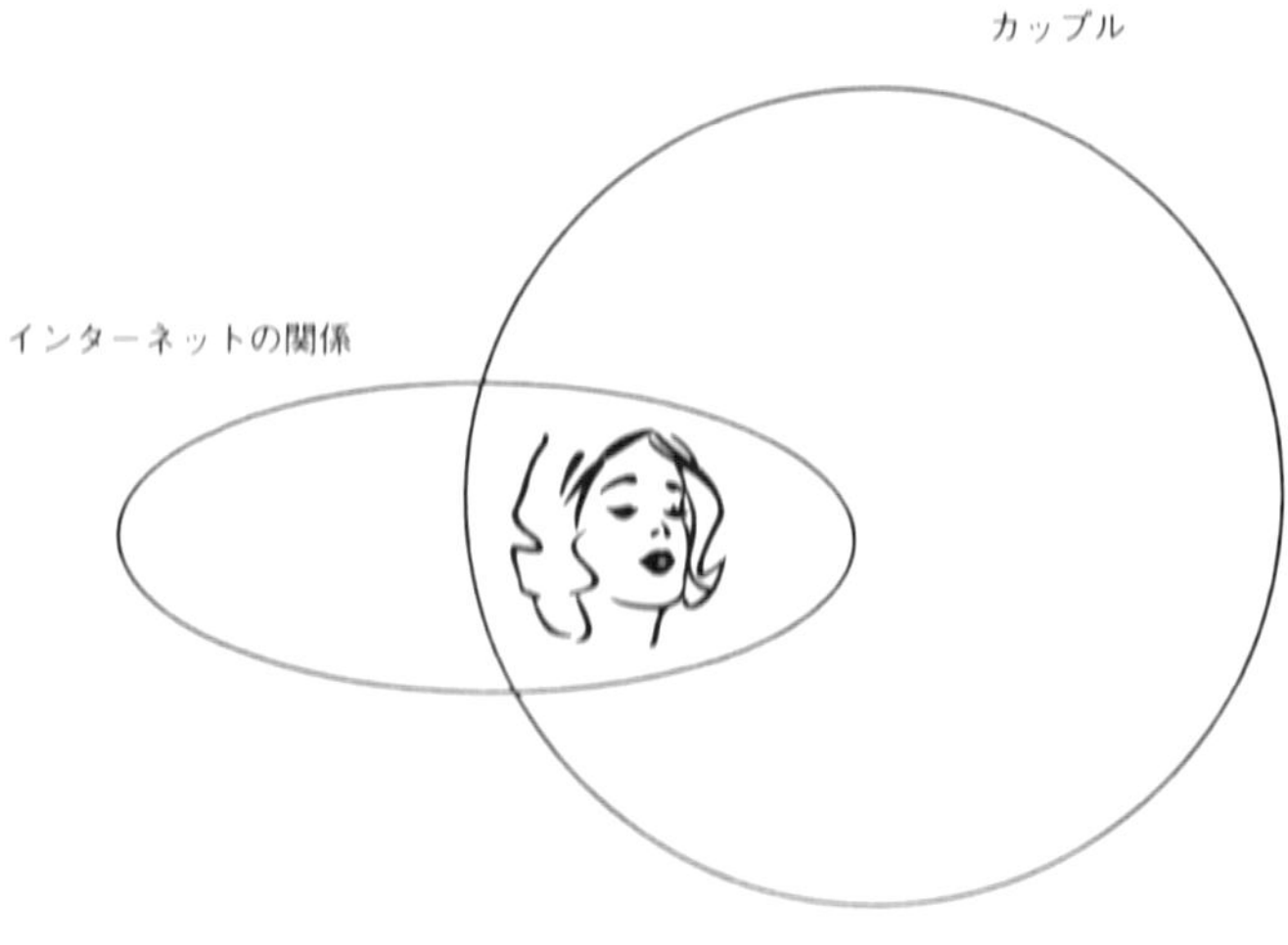

夫アルベルトは、妻ジョヴァンナがさまざまなグループで認知され、豊かで変化に富んだアイデンティティの基盤を持っていると考えている。
妻は反対に自分の帰属関係を非常に貧しいものと見ている。彼女の帰属はすべて夫を通してのものだ……ただインターネットでの関係を除いて。だからこそインターネットの関係が非常に重要なのだ。

＊　＊　＊

例3

妻エドヴィージュは非常に落ち込んでいる。彼女は夫の帰属関係図にカップルの円を描かなかった。それに引き換え、二つの円が非常に大きく描かれている。出身家族の円と職場の円である（図G）。そして彼女は、夫が彼女の帰属について描いたまったく平凡な図を修正して、ここでもカップルの円を消し、代わりに家の円を大きく描いた（図H）。彼女が自分を取り戻し、存在していると感じられる唯一の場所である。これでこのカップルの問題がはっきりと示された。平凡なフランス人の夫に、外国人の妻。彼女は結婚によって得られるアイデンティティに大きな期待をかけていた。しかし実際には、生まれた国に帰っても外国人のような気分になり、フランスでも、夫の家族にあまり受け入れられていないという印象を持っているためにやはり外国人のままであり、カップルの面では、夫が彼女の要求や期待をよく理解してくれないので、受け入れられていない気がしている。

G

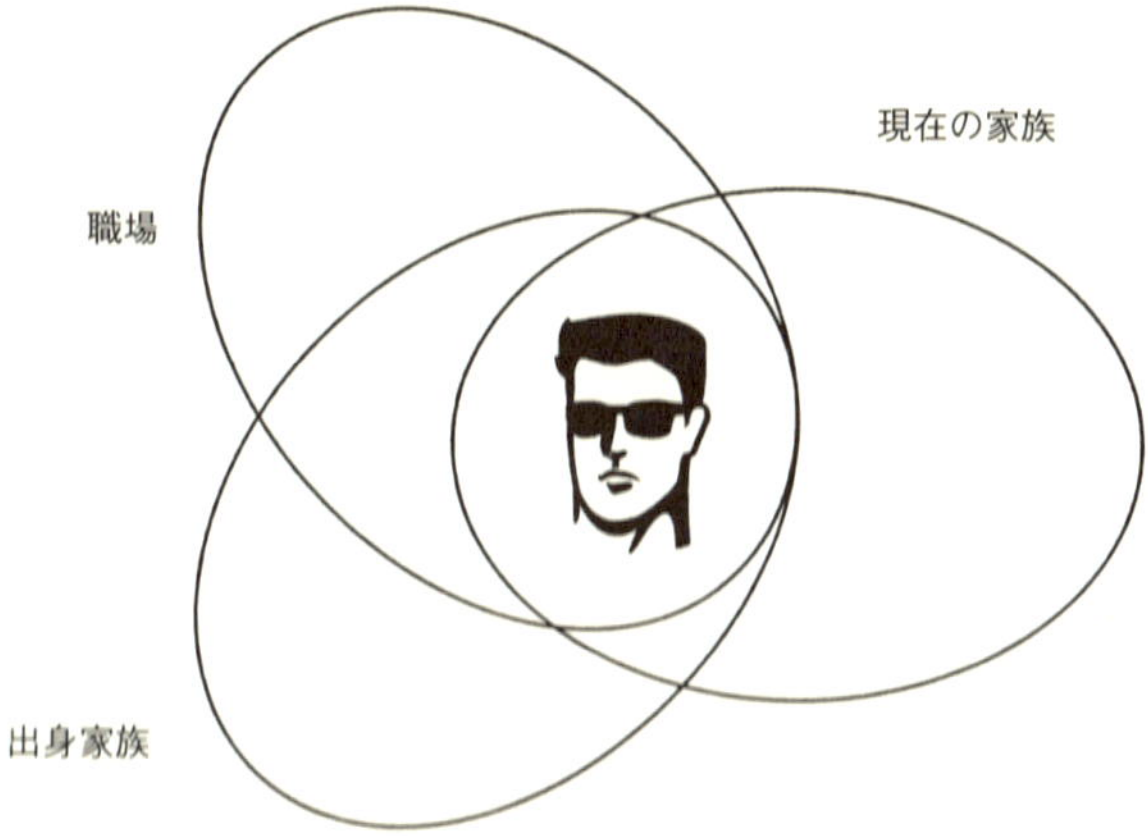

H

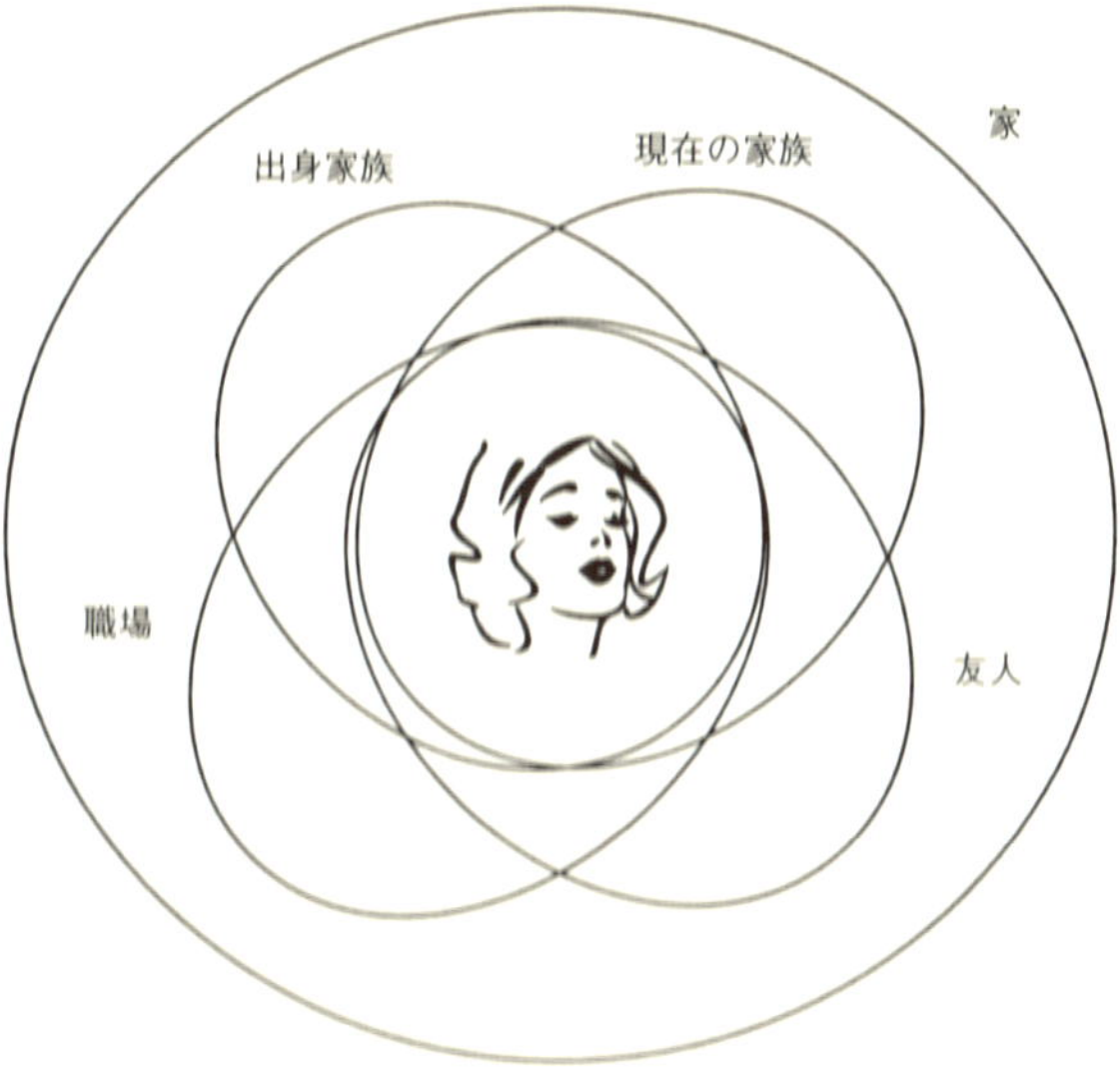

妻エドヴィージュは、家族と異なるグループとしてのカップルはもはや夫の中には存在していないと考えている。
エドヴィージュ自身にとっては、夫の存在が弱まっているため、家が避難所でありアイデンティティの主要な支えとなっている。

訳者あとがき

二〇〇一年の調査によると、東京に住む三十代男性の半数は結婚していないという。女性について言われる「結婚適齢期」という言葉も、もはや死後である。平均の初婚年齢も離婚率も上昇し続けている。ところが著者はこれを、カップルが時代遅れになったせいではないと主張している。著者に言わせれば、カップルへの期待が以前にもまして高まっているせいだというのである。現に最近のニュースによると、フランスでは近年カップルの選択肢が増え、結婚するカップルの数も二〇〇〇年には一九八三年以来という三十万組の大台に乗ったという（「日本経済新聞」四月四日付夕刊〔「世界の話題——フランス」山辺知子〕）。カップルは、経済的にも社会的にも不安定さを増す世界から個人を守り、アイデンティティの支えとなっている。期待が高いからこそカップルを作るのに慎重になり、期待に応えないときの失望感も大きい。

メンバーの一人が死亡する前に一つのカップルが「死ぬ」確率は五〇パーセント以上、カップルの平均寿命は約九年。だから、カップルの生命をうまく管理する方法を学ぶのは意義のあることだと著者は言う。これが本書の目標なのである。

原テキストのタイトルは *NOUVEAUX COUPLES*、一九九七年に Odile Jacob 社より出版されている。著者ロベール・ヌービュルジェ Robert Neuburger の専門は家族とカップルを対象にしたセラピー（精神療法）である。豊かな経験に裏打ちされたカップルの理論には説得力がある。それによるとカップルは、非合理的な「神話」をもとに作り上げられ、アイデンティティを維持するためにいろいろな「儀式」を作り上げるのだという。そうなのだ。ここで白状するが、わたしのカップルにも外から見ればばかばかしい「儀式」がある。それは本文中の「ほうれん草の会話」（本書四八頁、一三九頁参照）と同じようなパターン化された会話である。そしてわたしは、そのような儀式がどのカップルにもあるのだということや、カップルの維持に重要な役割を果たしているのだということを初めて知った。

カップルは、自分たちを他のカップルとは違う独自なカップルだと信じ、親密さを維持する必要がある。そのために役に立つのがカップルの神話と儀式なのだという。カップルはまた、外部世界の規範に合わせる必要もある。社会的に認められなくてはならないからだ。その内部と外部のバランスは、さまざまな出来事によって内側に傾いたり外側に傾いたりする。出来事のそれぞれがどのような力をカップルに及ぼしているのかを著者は解き明かす。たとえば著者は子どもの教育に関する規範に対して批判的である。とくに、両親は「一致して」子どもの教育に当たらなければならないという規範について、著者は次のように言う。「二人を麻痺させているのは、まさにこうした現代の教育方針についての知識なのではないかとわたしには思える。実際、今日では、両親が子どもの教育に関わらなくてはならず、できれば、一致した教育姿勢を示さなくてはならないとされている。この原則は規範として異論の余地がないとまでみなされているのだ。ところが、両親二人ともが教育に関心を持ち、どちらも自我が強く、異なった方針を持っていたとしたらどうすればいいのだろう？　教育方針の違いは必ずしもカップルの不調を意味しないことを思い出してほしい。実際、これからカップルになろうとする人が、教育方針がすばらしいからといって相手を選ぶことはめったにないのだ」（本書一八四頁参照）。この言葉を読んで、ほっと胸をなでおろさない親はいないのではないだろうか。それはともあれ、人生の節目節目でなぜカップルが不安定になるのかが胸におちる。

もちろん、カップルは不安定なままではない。バランスを取り戻そうと意識的あるいは無意識的にカップルのとる解決策の実例も挙げられている。解決策はうまく働くものもあれば、逆効果になるものもある。まともな会話ができなくなること、嘘をつくこと、アルコール依存症になること、これがみな、問題があるとはいえ、カップルを維持するための働きをしているというのだから、人間の心の働きの不思議さには目をみはるばかりだ。

セラピストである著者は、カップルが問題のある解決策を選んでしまったことに気づかせ、あとはカップルの自己治癒力に任せる。この本を通してカップルのメカニズムを学ぶことで、少なくともカップルが間違った解決策に落ち込んでしまうことは避けられるのではないだろうか。

＊本文中の〔　〕内の注は訳者がつけ加えたものである。
＊原書は章によって小見出し（節・項）が付されていないところもあったが、これらに対しては訳者の側で適宜、見出しを追加した。

二〇〇二年四月

藤田真利子

訳者紹介

藤 田 真 利 子（ふじた・まりこ）

英仏翻訳家。東北大学仏文卒業。

アムネスティ・インターナショナル会員。

ジャンル・英仏語を問わず訳書多数。

主な訳書、『女の身体、男の視線』（ジャン＝クロード・コフマン、新評論）、『ヴァテル謎の男、そして美食の誕生』（ドミニク・ミッシェル、東京創元社）、『夜を喰らう』（トニーノ・ベナキスタ、早川書房）、『そして死刑は廃止された』（ロベール・バダンテール、作品社）。

著書に『男たらし論』（平凡社、共著）がある。

新しいカップル
――カップルを維持するメカニズム

2002年5月30日　初版第1刷発行　（検印廃止）

訳　者　藤田真利子
発行者　武市一幸

発行所　株式会社 新評論

〒169-0051　東京都新宿区西早稲田3-16-28
http://www.shinhyoron.co.jp
TEL　03（3202）7391
FAX　03（3202）5832
振替　00160-1-113487

定価はカバーに表示してあります
落丁・乱丁本はお取り替えします

装幀　山田英春
印刷　新栄堂
製本　清水製本

Printed in Japan
ISBN4-7948-0564-0 C0036

ジャン＝クロード・コフマン／藤田真利子訳

女の身体、男の視線　四六　348頁　2800円

ISBN4-7948-0491-1　〔00〕

【浜辺とトップレスの社会学】何気ない視線の交わし合いが人間の行動心理に与える決定的影響力とは。自由な真夏の浜辺に浮遊する、さまざまな規律・排除・抑制のメカニズム！

F.アルベローニ／大空幸子訳

恋愛論〈新版〉　四六　288頁　1800円

ISBN4-7948-0172-6　〔93〕

人間の心のメカニズムを鮮やかに解き明かす大ベスト・ロングセラーの名著復刻！洪水のように溢れ出た《レンアイモノ》に物足りなさを感じる方への必読書。愛に悩む現代人へ！

E.ケイ／小野寺信・百合子訳

恋愛と結婚〈改訂版〉　四六　452頁　3800円

ISBN4-7948-0351-6　〔97〕

【母性を守り，女の自由を獲得するには】岩波文庫より改訂をした世界的名著の復刻。当時，欧州社会を支配していた封建的保守的な性道徳の概念に真っ向から攻撃した衝撃の書。

M.セガレーヌ／片岡幸彦・陽子訳

儀礼としての愛と結婚　A5　320頁　2400円　〔85〕

【中世から現代まで】結婚にいたるまでの儀礼の数々を，フランスにおける中世以来の貴重な絵や写真で紹介分析しながら，今日の婚礼制度のありかた，男と女の関係を問う。

E.フロム，R.フンク編／滝沢海南子・渡辺憲正訳

愛と性と母権制　四六　264頁　2800円

ISBN4-7948-0340-0　〔97〕

父権制原理と母権制原理の特徴を究明し，両原理の「総合」に男女共生社会の可能性をひらく，巨人フロムのジェンダー論。1933-70年発表の論文からR.フンクが精選。

G.デュビー／篠田勝英訳

中世の結婚〈新装版〉　四六　484頁　3500円

ISBN4-7948-0216-1　〔84, 94〕

【騎士・女性・司祭】11－12世紀，経済の飛躍的な発展の進む中で，人びとはどのように結婚しどのように結婚生活を生きていたのか？　未知の領域にふみこむ野心作。

表示の価格はすべて消費税抜きの価格です。